ANSIEDADE DIGITAL

A vida é bela e breve como gotas de orvalho que por instantes aparecem e logo se dissipam aos primeiros raios solares do tempo. Por ser tão bela e tão breve, deveríamos vivê-la com inteligência e prazer. Mas infelizmente estamos na era da ansiedade digital, na qual pais e filhos, professores e alunos, casais e colaboradores estão ilhados em seus aparelhos.

Desejo que você, com a leitura desta obra, possa namorar a vida e ter um caso de amor com a sua saúde emocional e a de quem está ao seu redor.

Você vai entender que o amor começa pela emoção e só continua se houver admiração. Para se fazer admirável, mude a era do apontamento de falhas para a era da celebração dos acertos, abaixe seu tom de voz quando alguém elevar o dele, distribua muito mais elogios do que críticas, cobre menos de si mesmo e dos outros, duvide de tudo o que te controla, pois a mente "mente", e treine todos os dias gerir sua emoção e contemplar o belo para fazer da sua história um espetáculo de prazer e não de estresse.

Nesse espetáculo, as verdadeiras celebridades não são os influenciadores digitais, mas seus filhos, seus pais, seu cônjuge, seus alunos, seus colaboradores. Apesar dos defeitos deles e dos seus, cada ser humano é único e irrepetível. Desejo uma excelente leitura do livro Ansiedade digital: como enfrentar o mal do milênio.
COM CERTEZA VOCÊ NUNCA MAIS SERÁ O MESMO.

Augusto Cury

____

____________________, ____ /____/ ____

AUGUSTO CURY

ANSIEDADE DIGITAL

COMO ENFRENTAR O MAL DO MILÊNIO

2025

Edição enriquecida a partir do livro *Intoxicação Digital*

gen | Benvirá

■ O autor e a editora se empenharam para citar adequadamente e dar o devido crédito a todos os detentores de direitos autorais de qualquer material utilizado neste livro, dispondo-se a possíveis acertos posteriores caso, inadvertida e involuntariamente, a identificação de algum deles tenha sido omitida.

■ Data do fechamento do livro: 26/08/2025.

Publicado pelo selo **Benvirá**
Uma editora integrante do GEN | Grupo Editorial Nacional
Travessa do Ouvidor, 11
Rio de Janeiro – RJ – 20040-040

■ **Atendimento ao cliente: (11) 5080-0751 | faleconosco@grupogen.com.br**

■ Capa: Tiago Dela Rosa

■ Diagramação: Fernanda Matajs

■ **CIP – BRASIL. CATALOGAÇÃO NA PUBLICAÇÃO**
SINDICATO NACIONAL DOS EDITORES DE LIVROS, RJ

C988a

Cury, Augusto, 1958-
Ansiedade digital : como enfrentar o mal do milênio / Augusto Cury. – 1. ed. – Rio de Janeiro : Benvirá, 2025.
21 cm.

ISBN 978-65-5810-362-2

1. Ansiedade – Efeito das inovações tecnológicas. 2. Teoria do autoconhecimento. 3. Pensamento. 4. Ansiedade – Tratamento. I. Título.

25-99863.2 CDD: 152.46
CDU: 159.942:616.89-008.441

Meri Gleice Rodrigues de Souza – Bibliotecária – CRB-7/6439

Vivemos em sociedades livres, mas nunca houve tantos escravos no território da emoção

Sumário

Prefácio

Uma mensagem antes de tudo: estamos atentos a como o mundo digital está transformando completamente a mente humana?

A humanidade está adoecendo, envelhecendo emocionalmente e se entristecendo de maneira rápida e coletiva. É um fenômeno chocante, dramático, e completamente imprevisível. No século XXI, esperávamos ter a geração mais feliz, mentalmente saudável e proativa de todos os tempos. Afinal, a psiquiatria e a psicologia estão mais avançadas que nunca, o acesso ao conhecimento é incomparável às épocas anteriores e a indústria do entretenimento jamais esteve tão poderosa. Apesar de tudo isso, estamos na era do envelhecimento precoce da emoção, na era dos mendigos emocionais, na era do adoecimento psíquico.

Há mais de dez anos escrevi o livro *Ansiedade: como enfrentar o mal do século.*[i] Agora estou aqui para escrever sobre a ansiedade digital, o mal do milênio. Para entender a sutil diferença entre os dois males, é importante retornar à linha de raciocínio da primeira obra.

A ansiedade não é necessariamente um problema. Há uma ansiedade saudável e extremamente importante presente em todos os seres humanos. Ela é a fonte da motivação, das expectativas, da curiosidade e da capacidade de exploração. Todavia, quando a ansiedade gera sintomas psíquicos e psicossomáticos, quando afeta a capacidade do ser humano de ser líder de si mesmo e se torna uma fonte de pensamentos tóxicos e emoções estressantes, ela pode ser doentia, asfixiante, aprisionante.

Se não pensamos apenas aquilo que queremos conscientemente pensar, então quem pensa o resto? Nossa mente é uma casa de terror? Muitas vezes sim. Somos mentalmente mais criativos que o mais criativo filme de Hollywood. Os fenômenos inconscientes são o que chamo de copilotos da aeronave mental, são corroteiristas e atores coadjuvantes. Mas quem é o piloto, roteirista e ator principal da mente humana? O Eu. Ele representa a capacidade de escolha e consciência crítica. É o autor da nossa história! Mas são os copilotos que interpretam milhares de estímulos diários de forma rápida e automática, que constroem mentalmente centenas de personagens, que dirigem grande parte dos trajetos numa rodovia e que sonham. Excesso de estímulos ou de informações dispara os copilotos, gerando uma construção exagerada de pensamentos, que expande o mecanismo de arrasto da emoção e leva ao esgotamento cerebral. Isso pode ser descrito como Síndrome do Pensamento Acelerado, ou SPA.

Na época em que descrevi a SPA, no primeiro livro, já havia os smartphones, mas a intoxicação digital ainda não era tão dramática. Hoje, atingiu níveis estratosféricos, causando o que chamo de ansiedade digital. O mal do milênio une os dois problemas: a Síndrome do Pensamento Acelerado e a intoxicação digital. Temos o bombardeamento de informações que vem das escolas, do trabalho, do lazer, de crises políticas, conflitos internacionais, guerras, e temos o bombardeamento digital que vem das avalanches de vídeos curtos, movimentação de cenas rápidas, sucesso irreal, felicidade artificial. A ansiedade digital envolve tanto a hiperaceleração insana de pensamentos (que nos faz sofrer pelo futuro, remoer o passado e cobrar demais de nós mesmos e dos outros) quanto a busca desesperada por dopamina (que nos torna intolerantes à solidão e ao tédio). Assim, vivemos a era dos mendigos emocionais, a era do envelhecimento precoce da emoção, a era da imaturidade do Eu como gestor dos pensamentos e das emoções, a era do criticismo, a era da exteriorização existencial e a era da aversão à solidão. Se rejeitamos a solidão branda, não temos um bilhete de passagem para nos interiorizar e nos conhecer: somos um imigrante dentro de nós mesmos, um alienígena no planeta mente.

O distanciamento do *Homo sapiens* da natureza, promovido pelo fascínio pelos smartphones, videogames e redes sociais, alterou a dinâmica da psique, da construção de pensamentos, da movimentação das emoções, das expectativas sociais. As pessoas costumavam ter consciência de que a colheita era algo surpreendente, que o mugido de um bezerro ou o balido de uma pequena ovelha eram espetáculos dignos de aplausos! Hoje precisa-se de muitos estímulos para excitar ou promover o prazer. Claro, houve ganhos inegáveis na esteira do digital, como na produtividade empresarial, na comunicabilidade e na acessibilidade às informações. Todavia, a saúde emocional, a liderança do Eu, o prazer de viver e a tranquilidade estão cada vez mais distantes de nós.

Hoje, jovens e adultos já quase não têm crises existenciais. É incomum que se questionem sobre o que é estar vivo, sobre a finitude existencial e sobre o que significa ser consciente. Quase todos os dias penso sobre esses temas e fico maravilhado. Mergulho na minha pequenez e me torno apenas um caminhante andando no traçado do tempo em busca de mim mesmo. Uma viagem para dentro de si, ainda que se perca um pouco, é mais fascinante do que qualquer viagem turística. Hoje em dia, parecemos ter perdido a perceptividade da espetacularidade da existência. Estamos entorpecidos com a ansiedade digital. Queremos rápidas doses de dopamina, como dependentes químicos, e não doses do pensamento crítico.

Tornamo-nos uma espécie sem tempero intelectual e emocional, sem profundidade filosófica e psicológica. Nossos assuntos são pobres e não nos surpreendemos com o espetáculo insondável de ser e existir. Pais e filhos juram que se conhecem, mas quando as famílias se reúnem quase não há conversas: todos estão não apenas calados, mas sequestrados nos currais de seus celulares, presos em suas cavernas digitais.

A felicidade inteligente e sustentável não é herança genética nem fruto do sucesso financeiro ou intelectual. Ela nasce de treinamentos diários de gestão da emoção. Considerando que o excesso de dinheiro não garante a felicidade, mas a falta dele garante a ansiedade, se as condições mínimas de mobilidade social, nutrição, educação, saúde e moradia são atendidas, a condição para ter uma mente saudável, feliz e relaxada é trabalhar o Eu como piloto, roteirista e protagonista.

Sempre treinei minhas filhas a saírem do trivial e penetrarem no essencial, naquilo que o dinheiro não pode comprar. Eu tinha pouco tempo, pois produzia conhecimento, atendia pacientes e dava muitas conferências, mas procurava fazer muito do pouco. Falava sobre meus livros, especialmente os romances históricos, sociológicos e psiquiátricos, e elas amavam dar opiniões. Perguntei muitas vezes quais eram os sonhos e os pesadelos que tinham. Surpreendia-me ao ver que, por trás da aparente tranquilidade, havia turbulências nunca verbalizadas que só vinham à tona porque eu as provocava com a arte de perguntar. Dávamos risadas de nossas tolices. Naqueles momentos, eu não era o psiquiatra mais lido do mundo, mas apenas um ser humano em construção.

Hoje tenho treinado a próxima geração. Não faz muito tempo treinei o olhar do meu querido neto cujo nome é o mesmo que o meu. Estávamos num carro no meio de uma cidade grande. Pedi para ele detectar as árvores que mais lhe agradavam e o provoquei dizendo: por que elas estão sempre de braços abertos? Ele pensou, refletiu. Mas não tinha algumas respostas. Por fim, expliquei que elas são um símbolo do altruísmo. Recebem pássaros que repousam à noite, ainda que na manhã seguinte eles partam sem se despedir. Mas as árvores, mais generosas que os seres humanos, continuam a receber novos pássaros em novas jornadas todas as noites. Então eu lhe disse que quem se doa sem expectativa de retorno é mais jovem, inteligente e feliz.

Superar a ansiedade digital exige libertarmos nosso imaginário, deixarmos dar importância aos produtos e percebermos que os produtos verdadeiramente insubstituíveis somos nós. Desse modo, pararemos de olhar somente para as telas e aprenderemos também a ser enriquecidos com as experiências fascinantes de quem está ao nosso redor. Eu aprendi a aprender, inclusive com meus pacientes.

Precisamos investigar o mal do milênio, avaliar de forma transparente a hiperaceleração de pensamentos e a intoxicação digital, e entender para onde anda a humanidade e por onde caminha minha família, meus filhos, meus alunos, meus amigos, meus colegas de trabalho. Descobrir de que forma minha saúde emocional, meu protagonismo, minha capacidade de me adaptar, ousar, me reinventar e lutar pelos meus sonhos se relacionam com a comparação nas redes, a felicidade artificial dos influenciadores, a promessa do dinheiro fácil dos jogos de aposta e a alienação em si pela compulsão por vídeos curtos.

Nos próximos capítulos desta obra, vamos adentrar mais profundamente no vício digital que tem devastado a saúde mental e entender como usar as mais importantes habilidades emocionais e sociais da humanidade para combater o mal do milênio.

1

A mente, um planeta desconhecido

Quando era pré-adolescente, eu olhava para o céu noturno e ficava impactado ao ver milhares de estrelas brilhantes. "O que é este universo?", indagava. Era um mundo desconhecido, fascinante e misterioso. Não tinha ideia de que, numa noite de céu límpido, com lua minguante e destituído de nuvens, seria possível observar a olho nu cerca de 4.500 estrelas, mas não ao mesmo tempo. Também não sabia que estava observando a Via Láctea, uma das centenas de bilhões de galáxias no universo, e que cada uma dessas galáxias contém bilhões de estrelas e planetas.

> Meus conflitos pareciam grandes neste planeta azul, mas, ao me voltar para o universo, eles pareciam muito pequenos.

Posteriormente, me senti mais diminuto ainda ao saber que provavelmente existem no universo observável mais de 10 sextilhões de estrelas, umas menores e outras milhares de vezes o tamanho do nosso famoso Sol. Se você contasse as estrelas do universo uma a uma o mais rápido que pudesse, precisaria de milhares de anos para fazê-lo.

A minha mente tinha nuvens de perguntas sem respostas. Começava a questionar diariamente: quem eu sou? O que é a vida? Como tenho certeza de que eu existo? O que é a existência? Como ela surgiu? O universo tem limites? Qual é o começo de tudo? O que é o tempo? Como consigo pensar? Tudo tem um início e um fim? As perguntas nunca pararam de jorrar do meu intelecto. Ao longo dos anos e das décadas, elas fizeram parte do dicionário da minha história, como estudante, como médico psiquiatra e como pensador e construtor de conhecimento sobre a mais complexa área da ciência, "o processo de construção de pensamentos", pois toda a ciência e todos os relacionamentos dependem dos pensamentos para existir.

> Muitos amam as respostas; mas, para ser um pensador, ame as perguntas.

As respostas trazem conforto e, ainda que sejam superficiais, estressam menos o cérebro humano; por isso, na educação mundial, no mundo político e até nas religiões, expõem-se as respostas prontas, os dogmas, as verdades científicas, sem saber que as respostas prontas geram radicalismos e que as muitas verdades científicas caem por terra a cada dez anos.

Mas na minha juventude eu ainda não havia descoberto a complexidade da psique humana. Não percebia que, quando uma pessoa estava triste, angustiada, deprimida, a sua dor era tão grande que parecia que todo o universo estava sofrendo. Por quê? Porque a dor de um ser humano é a única dor que ele realmente consegue sentir. Mas não sentimos a dor dos outros? Não! Só conseguimos ter a dimensão da dor do outro se treinarmos nos esvaziar do nosso ego, preconceito, imediatismo, e nos colocarmos no lugar dele. Por isso, se um psiquiatra, psicólogo, pai, professor não se esvazia de si mesmo, ele pensa que está entendendo e discorrendo sobre o outro, seja quem for, mas no fundo está falando de si.

A grande maioria dos seres humanos de todos os povos não faz esse treinamento. Por isso, dar conselhos superficiais para quem está em crise, estressado, tenso, descontrolado, como "olhe para trás", "tem gente sofrendo mais do que você", "se todo problema fosse esse!", não funciona e frequentemente piora a dor dos outros. Experimente mudar a estratégia e dizer: "A dor que você está sentindo é só sua e deve ser intensa, não consigo senti-la, mas confio na sua capacidade de ser líder de si mesmo e se reinventar".

> Não há como contribuir com o outro sem ser empático e sem provocar sua capacidade de pensar com elegância.

Dar respostas rápidas e apontar erros é desastroso.

A nossa mente tem mais segredos do que o universo físico. Por exemplo, um buraco negro suga planetas e estrelas inteiros devido a sua supergravidade; do mesmo modo, uma janela traumática ou killer em nosso cérebro que financia uma crise de ansiedade ou um ataque de pânico pode fechar o circuito da memória e "sugar" a capacidade de pensar criticamente, de se colocar no lugar dos outros e de dar respostas inteligentes nos focos de estresse. Por isso, nos primeiros trinta segundos de tensão, falamos palavras que jamais deveríamos dizer para quem amamos, como "você só me decepciona", "você não vai ser nada na vida", "saia daqui que está me atrapalhando" – fora as palavras grosseiras e cruéis.

Outro exemplo sobre a complexidade do psiquismo humano: no mundo físico, nada excede a velocidade da luz, cerca de 300 mil km/s. Mas em nosso pensamento excedemos a velocidade da luz e podemos dar voltas nas galáxias numa fração de segundo, ainda que no imaginário. No mundo físico, para se construírem os maiores edifícios do mundo, como o Burj Khalifa (Dubai), o Shanghai Tower (China) e o Makkah Clock Tower (Arábia Saudita), demoram-se anos para desenvolver o projeto e a colocação de materiais; mas na sua mente você constrói edifícios diversas vezes maiores e pode até construir planetas e estrelas em frações de tempo, ainda que na esfera da virtualidade.

A mente humana tem uma plasticidade construtiva e uma liberdade criativa sem precedentes, que não se compara com o mundo físico-químico. Por isso, você não precisa assistir a um filme de terror para se aterrorizar – basta não gerenciar sua mente, que se perturbará muito com seus próprios pensamentos, que fluem num processo contínuo e não autorizado pelo seu Eu ou por sua vontade consciente. Você pode olhar o universo através das lentes dos telescópios Hubble ou James Webb e ficar surpreso com a teia de mistérios que o envolve; mas, se treinar seu Eu para observar o universo da mente humana, do seu intelecto, talvez fique mais assombrado ainda. Como você entra em sua memória numa velocidade espantosa, no escuro, e entende cada palavra ou cada verbo que estão nesses textos? Quando tivermos tempo para mergulhar nas entranhas da nossa mente, entenderemos que somos aprendizes no teatro da existência: entendemos muito sobre os segredos do átomo e os mistérios do espaço, mas sabemos pouquíssimo sobre nós mesmos...

> E, por sabermos muito pouco sobre nós mesmos, não entendemos que estamos na era da ansiedade digital, do adoecimento emocional e dos mendigos emocionais...

O insondável planeta mente

Uma crise depressiva e existencial profunda me abalou tanto, me desconstruiu a tal ponto, que embarquei numa viagem que jamais estava prevista no meu currículo como jovem sociável, autoconfiante e ousado – uma jornada para dentro de mim mesmo. Bombardeando-me de perguntas, descobri o que raras pessoas descobrem ao longo de sua história: que sabia muito pouco sobre quem eu sou. Você sabe quem você é? Talvez conheça um pouco sobre suas características de personalidade mais evidentes, seus medos ou autossegurança, sua generosidade ou egoísmo, sua empatia ou individualismo, sua sociabilidade ou timidez, ou a mistura dessas características nos mais diversos focos de tensão. Mas isso ainda representa o verniz do que somos. Como se formam o prazer e a dor, não tanto do ponto de vista biológico, mas sob os ângulos das relações intrapsíquicas e interpessoais? Por que em alguns momentos estamos alegres sem grandes motivos e, em outros, em que temos notáveis motivos para estar saturados de prazer, estamos ansiosos? Qual a natureza dos pensamentos e emoções? Que fenômenos os tecem? Qual o sistema de relação entre pensamentos e emoções? Tudo que você pensa sobre você é o que você é? Ou existe um sistema de encadeamento distorcido que contamina sua autoimagem?

Podemos fazer milhões de perguntas sobre o planeta mente, e, quanto mais as fazemos, mais percebemos que somos imigrantes neste planeta, sós, abandonados, desamparados. Os radicais distorcem muito o que são, desconhecem sua pequenez e fragilidade e, mais ainda, sua flutuabilidade emocional. Os egocêntricos e ególatras prestam culto ao seu ego, são tolos candidatos a deuses, mas no fundo são inseguros, perturbados pelos seus fantasmas mentais, crianças achando que são adultos.

Os tímidos, ao contrário, se minimizam, se apequenam de forma cruel, não descobriram a complexidade do seu intelecto, sua inesgotável capacidade de entrar na memória e produzir pensamentos em milésimos de segundo. Não descobriram que, por serem tão fascinantes, jamais deveriam se curvar a sua equipe de trabalho, a uma plateia ou a uma celebridade. Forasteiros no planeta mente, é o que mais somos. E na era digital, intoxicados com a exteriorização, somos ainda mais desconhecidos de nós mesmos.

Que mundo mental é este que não controlamos, em que generais podem se sentir soldados rasos, bilionários podem se tornar mendigos emocionais, celebridades podem ser marcadamente solitárias e influenciadores digitais tão livres e desbocados podem se tornar grandes prisioneiros? Ao longo de mais de trinta anos, procurei entender esse mundo, não apenas como psiquiatra e psicoterapeuta, mas também, em destaque, como produtor de conhecimento, como um viajante que fez análises detalhadas pelo intangível universo dos pensamentos, das emoções, da memória, do processo de interpretação, do funcionamento do psiquismo humano. Em um país que não valoriza seus cientistas, isso parecia loucura.

Certa vez, cheguei a uma roda em que havia alguns amigos e outros desconhecidos. De repente, ouvi um intelectual desconhecido dizendo que determinado autor produzira conhecimentos tão complexos sobre a construção de pensamentos que talvez só o entendessem daqui a um século. E citou o nome do autor, referindo-se a mim, sem saber que eu estava presente, pois, como raramente dou entrevista, não me reconheceu. Foi interessante. Quando citei alguns elementos da construção de pensamentos que ocorre em frações diminutas de segundo e comentei outros aspectos do mundo intangível que nos torna *Homo sapiens*, a única espécie que pensa e tem consciência de que pensa, ele ficou impressionado. E indagou: "Mas você conhece o Augusto Cury?".

Com humildade eu me pronunciei: "Sou o próprio". Ele teve um choque, e nasceu uma amizade. De fato tive o privilégio, a ousadia e até a ingenuidade (digo ingenuidade pois não sabia dos imensos obstáculos que teria) de desenvolver uma das raras teorias mundiais sobre o processo de construção do Eu, o desenvolvimento da personalidade, a evolução e o registro da memória, mas em especial sobre o processo de construção de pensamentos, que provavelmente é a última fronteira da ciência, seu objeto de estudo mais intrincado e o fenômeno mais complexo não apenas do planeta mente, mas também, muito provavelmente, de todo o universo. Por que creio que a construção de pensamentos seja a última fronteira da ciência?

> Porque os pensamentos são a matéria-prima fundamental e essencial para tudo que construímos, percebemos, conscientizamos, conhecemos e tudo com o que nos relacionamos.

Sem o universo dos pensamentos, não existiríamos para nós mesmos, seríamos trilhões de células agrupadas em um corpo que vagaria solitariamente pelo teatro da existência. Sem a construção de pensamentos, não haveria a pesquisa científica, a elaboração de hipóteses, postulados, predições e todo o conhecimento que estrutura a ciência. Os fenômenos físicos e seus sistemas de relações existem sem os pensamentos, mas é por meio das matrizes dos pensamentos que eles saem do completo anonimato e ganham o palco da intelectualidade.

As artes plásticas, a escultura, a arquitetura, a dança, o teatro são confeccionados pela arte da análise e pela capacidade de se reinventar, duvidar e dar respostas inovadoras, sensíveis e subliminares, que, em tese, são matrizes de pensamentos. A filosofia, ao estudar e descrever a ética, a estética, a metafísica e os princípios sociopolíticos, só existe porque o ser humano constrói conhecimentos. São igualmente pautadas pelos pensamentos as riquíssimas, e às vezes turbulentas, relações entre casais, pais e filhos, professor e aluno, bem como entre amigos e do ser humano com ele mesmo, confeccionando a identidade e a expressividade de características de personalidade como timidez, ousadia, empatia, egoísmo, resiliência e fragilidade.

A era da ansiedade digital: descontrole dos pais e manipulação dos filhos

Mas poderíamos indagar: pelo menos a emocionalidade ficou fora da influência dos pensamentos? Não, não ficou. A emoção depende completamente dos pensamentos para se expressar, focar, se entrelaçar, se envolver! Você não consegue amar se não for por meio dos pensamentos, pois, sem sua intelectualidade, você não identificaria o objeto amado, seus filhos, sua esposa, seu marido – e, se você tiver uma religião, seu Deus. Do mesmo modo, você não consegue odiar ou excluir se não for por meio das sofisticadas matrizes dos pensamentos que envelopam, canalizam e distribuem a emoção do ódio e a atitude de exclusão social.

Todo processo de interpretação depende não apenas da emoção envolvida, mas também do processo de construção de pensamentos entrelaçados. Interpretar é distorcer a realidade, ainda que de forma imperceptível, e nunca espelhar a verdade do objeto estudado. Por quê? Porque o ato de interpretação envolve múltiplas variáveis simultâneas: quem sou (identidade e capacidade de construir pensamentos), como estou (estado emocional, por exemplo, se alegre, triste, motivado, deprimido), onde estou (ambiente social, por exemplo, acolhedor, opressor) etc. O processo de interpretação é tão sofisticado e passível de contaminações que pequenos estímulos estressantes, como um tom de voz mais enfático ou uma crítica construtiva, podem ser sentidos de forma superdimensionada, como uma agressividade ou uma crítica destrutiva.

> A era digital é a era em que a emoção doentia domina o Eu, e não o Eu gerencia a emoção.

Colocaram uma criança, na realidade um bebê, a emoção, para dirigir o veículo mental. Acidentes graves são inevitáveis, pois a emoção nunca amadurece, quem amadurece é o Eu. Se o Eu não der um choque de lucidez no processo de construção de pensamentos, a interpretação será contaminada. Na era da ansiedade digital, as distorções do processo de interpretação se agigantaram. A ansiedade digital trouxe "eras" doentias para dentro da mente do usuário: a era da comparação de um ser humano com o outro, a era da necessidade neurótica de poder, a era da necessidade ansiosa de evidência social, a era da felicidade irreal. Quando uso a palavra "era", quero demonstrar o saturamento do córtex cerebral com dados e informações que intoxicam a emocionalidade e a intelectualidade.

Sem querer entrar muito em detalhes no momento, toda vez que nossa mente está saturada de informações, o risco de gerar a Síndrome do Pensamento Acelerado é alto, e essa síndrome turbina a ansiedade digital, levando o Eu, como piloto da aeronave mental, a ter dificuldades de fazer escolhas, trabalhar perdas, fazer análises, ter consciência crítica. Mentes aceleradas geram mentes comparativas, que, por sua vez, geram perda de autonomia. Nos tornamos péssimos pilotos do processo de interpretação. Um elogio pode ser sentido como um deboche; um deboche, como elogio. Estamos na era das distorções.

Os pais estão desesperados com as distorções em suas relações com os filhos, que se tornaram verdadeiros mestres na arte de dominá-los, mas não por culpa das crianças, e sim da inabilidade dos próprios pais. M.L., uma mãe de 39 anos, era a principal responsável pela educação de seu filho de 7 anos, Lucas (nome fictício). Ela se sentia sobrecarregada e perdida. Para ela, Lucas sempre entendia "errado" suas intenções. Se ela dissesse um não, parecia que ela o odiava. Se M.L. precisasse adiar a compra de um tênis ou de uma roupa, Lucas dizia "você não me ama, está me abandonando!". Longe da mãe, o menino tinha um razoável autocontrole; perto da mãe, fazia birras, gritava, chantageava, tinha atitudes infantis em relação a sua idade biológica. A mãe entrava em estado de choque, sentia-se a pior mãe do mundo e muitíssimo envergonhada. Lucas ficava mais de quatro horas por dia conectado e, se ela tentasse regular o uso do celular, a casa caía. A mãe reagia sem gestão da emoção. Ao contrário, suas reações eram regidas pelo trinômio explosão/culpa/superproteção. Quando não aguentava mais o comportamento de Lucas, ela explodia, dizia que era infeliz, que seu filho era rebelde, que ele não seria nada na vida. Depois, detonava o gatilho cerebral, abria uma janela killer de culpa, e desabava. Questionava se teria ido longe demais, falhado, exagerado... E era dominada por um arrependimento brutal, acompanhado de superproteção. O resultado não é melhor que o relato: o filho aprendeu a dominar sua relação com a mãe. Outro efeito colateral desse trinômio explosão/culpa/superproteção foi mais um diagnóstico inadequado: Lucas foi diagnosticado com TOD (transtorno opositor-desafiador).

A indústria dos diagnósticos é um problema.

> Os diagnósticos não podem jamais rotular um paciente; eles servem apenas para a conduta do psiquiatra ou psicólogo.

Um psiquiatra ou psicólogo pode até dar esse diagnóstico, mas não deve utilizá-lo para enquadrar os pacientes. Deve saber que o TOD é um sintoma, e não uma doença; é uma reação multifocal ao trinômio explosão/culpa/superproteção que faz com que os filhos aprendam a dominar os pais com maestria, confrontando-os agressivamente, desafiando-os continuamente, pois no fundo sabem que seus pais cairão na lama da culpa e cederão.

Técnicas de gestão da emoção são fundamentais para formar mentes autônomas, líderes de si mesmas, criativamente livres e emocionalmente saudáveis. Em primeiro lugar, os pais devem aprender a explicar os "nãos" com educação, brandura, e devem ser estáveis, não objetos de chantagem dos filhos. Limites são limites. Birras, manipulações, reações descontroladas dos filhos fazem parte da jornada da educação. Filhos normais têm essas reações, mas, se os pais tiverem medo do comportamento dos seus filhos, agirão pelo perigoso trinômio explosão/culpa/superproteção, e desencadearão nos filhos reações desproporcionais e descontroladas. Saiam da inércia. Não sejam plateia. Milhões de pais são plateia dos comportamentos volumosos de seus filhos. Gravem isto:

> "Pais plateia" estimulam seus filhos a darem o show das birras.

Em segundo lugar, os pais devem, ao criticar um filho, exaltá-lo antes de apontar a falha. Pais apontadores de falhas asfixiam a mente dos filhos. Pais que os exaltam, mesmo quando erram, e em seguida os corrigem com generosidade e autoridade, construirão plataformas de janelas light (saudáveis) na memória dos filhos, tecendo admiração e respeitabilidade. Há diversas outras ferramentas que citarei sem colocar ordem de importância e que discutirei ao longo desta obra. Por exemplo, pais brilhantes, em vez de serem criticistas, perdedores de paciência, comparadores de uma criança com outra, pressionadores, deveriam ter como meta fundamental treinar e educar seus filhos nas mais nobres técnicas do programa de gestão da emoção, como: 1 – transferir o capital das experiências, ou dar o que o dinheiro não pode comprar; 2 – ensinar o gerenciamento dos pensamentos; 3 – ser administrador dos pensamentos; 4 – ser um filtrador de estímulos estressantes. Gastarei tempo explicando essas poderosas ferramentas adiante. Elas podem anunciar uma nova jornada para uma emoção saudável e uma felicidade sustentável. Além disso, pais devem colocar limites no tempo digital e discutir com os filhos a felicidade artificial e o sucesso superficial das redes sociais. Proibir por proibir gera atratividade, é um desastre emocional. Limites por limites, para manter a autoridade, igualmente. Limites têm de ser postos claramente, mas com inteligência, e não com violência.

Bem-vindos à era da conspiração

O aparecimento de um vírus pode ser sentido como uma conspiração mundial; uma queda do dólar ou uma crise inflacionária podem ser interpretadas como o começo do apocalipse. O ser humano sempre fantasiou o desconhecido, mas na era da internet ele multiplicou por mil a sua capacidade imaginativa; porém, não para o bem, nem para dar respostas lúcidas ou se reinventar, e sim para temer e até para se autodestruir. Bem-vindos à era da conspiração vitaminada pela era da ansiedade digital. Bem-vindos à era em que o Eu distorce as interpretações a tal ponto que se torna um notável diretor ou roteirista de filmes de terror.

A emoção, sem os pensamentos, nos torna seres inconscientes, que não têm história, evolução consciente, identidade social. A emocionalidade sem a intelectualidade nos tornaria eternamente solitários, sem saber quem somos, o que sentimos, quais nossos papéis sociais, propósitos de vida, sentido existencial. Um ser humano poderia ainda estar deprimido, mas, como ele não tem um Eu consciente de si e das suas emoções, a alegria e a tristeza seriam a mesma coisa.

O processo de construção dos pensamentos é tão complexo que poucos teóricos da psicologia, da pedagogia e da psiquiatria se atreveram a estudá-lo. Usaram os pensamentos prontos para produzir teoria sobre traumas, formação da personalidade, processo de aprendizado, mas não sobre a base de tudo: o pensamento. Como você identifica os verbos, pronomes e substantivos de cada frase desta obra "quase na velocidade da luz"? Estude os pensamentos e você provavelmente entenderá que tudo o que construímos como verdades sociais é superficial. O registro na memória não depende da vontade consciente do ser humano, mas é involuntário e automático. Arquivamos justamente o contrário do que pretendemos quando pressionamos, elevamos o tom de voz, escandalizamos, comparamos. O programa de gestão da emoção nos ensina que, na essência, somos iguais e nos amamos; nas diferenças, nos respeitamos. A teoria que desenvolvi, que se chama teoria da inteligência multifocal,[ii] estuda não apenas o foco da construção de pensamento, mas também o foco da construção do Eu como líder da mente humana. O Eu representa a capacidade de escolha, a autodeterminação, a identidade de um ser humano. Você sabe que é diferente de bilhões de outros seres humanos, que tem características de personalidade, preferências, gostos, visão de vida e relacionamentos diferentes por causa da sua identidade.

E sua identidade é formada por milhões de janelas ou arquivos que estruturam inúmeras características de personalidade. Por que pessoas calmas podem ter crises de ansiedade e pessoas ansiosas podem ter momentos de calmaria? Porque a paisagem da memória no córtex cerebral não é linear. Assim como há diferenças de relevos no planeta Terra, há gritantes diferenças de relevos ou qualidade e quantidades de janelas ou arquivos em um ser humano. Só é plenamente previsível quem está morto. Todos flutuamos, dependendo de onde se instala a âncora emocional, que é um copiloto do Eu, no córtex cerebral.

Não exija dos seus filhos, esposa, marido, alunos, colegas o que eles não podem dar: uma previsibilidade de comportamentos. Por mais engessado que alguém seja, existem mais detalhes imprevisíveis em nós do que se imagina. Você sabe que tipo de pensamento vai produzir daqui a um minuto? Não sabe. Se soubesse, se controlasse tudo, você e eu seríamos chatérrimos. Por isso que todos que são especialistas em criticar e dar broncas são INSUPORTÁVEIS. Estão aptos a consertar máquinas, mas não a formar mentes brilhantes.

Relaxe, se solte, não tenha uma mente engessada.

PARA SEMPRE LEMBRAR:

A nossa mente tem mais segredos do que o universo físico. Por exemplo, um buraco negro suga planetas e estrelas inteiros devido a sua supergravidade; do mesmo modo, uma janela traumática ou killer no cérebro que financia uma crise de ansiedade ou um ataque de pânico pode fechar o circuito da memória e "sugar" a capacidade de pensar criticamente, de se colocar no lugar dos outros e de dar respostas inteligentes nos focos de estresse. Por isso, nos primeiros trinta segundos de tensão, falamos palavras que jamais deveríamos dizer para quem amamos, como "você só me decepciona", "você não vai ser nada na vida", "saia daqui que está me atrapalhando" – fora as palavras grosseiras e cruéis. Nos focos de tensão, faça a oração dos sábios: o silêncio.

2

O Eu: piloto da mente malformado na era da ansiedade digital

Os papéis do Eu: a difícil tarefa de reescrever a personalidade

O Eu representa sua consciência crítica e o individualiza, diferenciando-o de milhões de outros seres humanos; ao mesmo tempo, o leva a ter consciência de que você faz parte do tecido social, do teatro da humanidade. O Eu como líder da mente humana deveria estudar seus planos de voo no planeta mente, em especial os papéis conscientes e inconscientes da memória. A memória é uma grande colcha de retalhos, contém milhões, talvez bilhões, de janelas ou arquivos que são vivenciados, experimentados e registrados no córtex cerebral desde pelo menos a aurora da vida fetal, quando o cérebro está formado. Os papéis conscientes e inconscientes da memória estão ligados à estrutura da personalidade. Recordando, se você é uma pessoa impulsiva ou uma pessoa autocontrolada, é porque tem milhares de janelas com milhões de dados que dão sustentação a essas características. Se você é bem-humorado, relaxado, flexível ou mal-humorado, contraído, tenso, rígido, radical, é porque tem também milhares de janelas com milhões de dados que dão expressividade espontânea a essas características. Uma pessoa expressa determinadas características não porque o Eu – o gestor da mente humana, o líder da psique, a identidade e consciência crítica – queira expressá-las. Tais características de personalidade se expressam independentemente do Eu.

Muitos se frustram quando aderem a uma religião, pois sentem que não mudaram muito. Queriam ser calmíssimos, mas continuam ansiosos, impulsivos, perdem a paciência por bobagens. Queriam ser extremamente generosos, mas ainda sofrem com seu egoísmo. Padres, pastores, rabinos, budistas não entendem o mais complexo planeta, o planeta mente. Não compreendem que não se apagam os traumas, se reedita a memória.

> No mundo digital, no ambiente dos computadores, você é um deus, deleta o que desejar, mas na vida real você é um frágil ser humano que deve, humilde e diariamente, treinar seu Eu para duvidar de tudo que é doentio e o controla, reciclar pensamentos perturbadores, repensar suas mazelas.

Treinamento, mais treinamento e mais treinamento se faz necessário, pois uma característica de personalidade doentia é formada por milhares de arquivos. Mudar um arquivo ou uma janela solitária não muda a personalidade. Por isso, os heróis que proclamam: "de hoje em diante serei forte, seguro, resiliente, não darei importância às críticas, não me deixarei ofender pelos *haters*", continuam sendo anti-heróis e continuam escravos de suas características doentias. É necessário perseverança, cair e levantar, tropeçar e continuar, chorar, mas jamais desistir dos seus sonhos.

> Não são os outros que o derrotam, é você que impõe a mais vexatória derrota e que não sabe que a mente "mente".

A teoria da inteligência multifocal estuda não apenas o processo de construção de pensamentos, o processo de formação do Eu como líder da mente humana e os papéis conscientes e inconscientes da memória, mas também o programa de gestão da emoção. Dentre muitas áreas, o programa de gestão da emoção conduz em especial o Eu a não ser passivo e tímido em nossa psique, nem irresponsável emocionalmente diante dos lixos mentais que produzimos. Esse programa treina o Eu a agir rápido para reciclar tais emoções e pensamentos asfixiantes, pois, caso contrário, eles são registrados e não podem ser mais deletados, só reeditados. Não se sabia disso na psicologia e na psiquiatria, pois até então não se havia estudado esses fenômenos que operam com rapidez espantosa em nossa psique.

Você tem 24 horas para tomar banho, mas tem, no máximo, 5 segundos para confrontar e reciclar um pensamento doentio, fazer a higiene mental. Todavia, se existe uma casa que produz muito lixo e enormes desperdícios, e raramente alguém cuida dela ou a preserva, chama-se mente humana.

Todos somos irresponsáveis em cuidar da mente humana. Ainda mais nessa sociedade digital artificial com um sistema educacional superficial.

Qual o seu gasto de energia emocional inútil?

O índice GEEI (Gasto de Energia Emocional Inútil) é o índice que criei e que mede a quantidade de lixo mental e o desperdício emocional de um ser humano. O nível máximo do índice GEEI é 100 – claro, são apenas parâmetros não rígidos, e ninguém deve se perturbar com eles, pois estamos no mesmo barco, mas deveríamos pelo menos usar o índice GEEI para nos alertar sobre a importância de treinar as ferramentas de gestão da emoção para pilotar melhor nossa mente.

- Sofrer pelo futuro aumenta 10 pontos no índice GEEI. Fazer o velório dos problemas antes do tempo esgota o cérebro.
- Ruminar mágoas acrescenta mais 10 pontos. Há inúmeras pessoas que remoem lixos físicos para sobreviver, o que é muito triste, e há centenas de milhões de pessoas – inclusive milionários – que remoem lixos mentais para se autodestruir, o que é igualmente triste.
- Ser impaciente ou ter baixo limiar para suportar frustrações: 10 pontos.
- Acordar cansado acrescenta também 10 pontos.
- Querer tudo rápido e pronto: 10 pontos.
- Ficar irritado quando o computador não liga, a internet não conecta, o celular dá *bug*: outros 10 pontos.

- Não contemplar o belo ou fazer das pequenas coisas um espetáculo aos olhos: 10 pontos. Torna-se um mendigo emocional.
- Cobrar demais dos outros acrescenta 10 pontos em seu índice GEEI e 20 no deles, pois você os piorou.
- Cobrar demais de si acrescenta 20 pontos. Quem cobra demais de si é seu próprio carrasco.
- Preocupar-se demais com a opinião ou aceitação dos outros é uma fobia (alodoxafobia) que acrescenta 20 pontos no índice GEEI. Terceirizar sua paz em função dos outros é cometer um crime contra si.
- Ficar horas a fio nas redes sociais e responder freneticamente as mensagens digitais: mais 20 pontos. Seus amigos reais estão ao seu lado, enxergue-os.
- Dificuldade de conviver com pessoas lentas piora mais ainda: acrescenta 20 pontos. As pessoas não são lentas, você que é rápido demais.
- Ter uma mente agitada e hiperpreocupada acrescenta 20 pontos.
- Sono de má qualidade: mais 20 pontos.

E há muito mais sintomas, mas vou parar por aqui. Qual é seu índice GEEI, sua produção de lixo mental e seu desperdício emocional? Muitos já ultrapassaram os 100 pontos, talvez 150 pontos ou mais. Carregam um corpo cansado, uma mente ansiosa, um cérebro esgotado. Ao ler esta obra, você gostaria de se portar como um simples leitor ou como um aluno de gestão da emoção? Preferia que fosse como aluno. Todos somos eternos aprendizes, inclusive eu.

Como meu aluno, não desanime: você pode aliviar seu cérebro e irrigar sua saúde mental. O problema não é a doença do doente, mas o doente da doença, ou seja, a postura do Eu do doente.

> A doença pode ser grave, mas, se o Eu resolve sair da plateia, entrar no palco e se reinventar, ele tem um grande caminho, uma bela jornada para percorrer.

Nesse caso, os melhores dias estão por vir.

Pessoas com altos índices GEEI não são um problema para a sociedade; ao contrário, muitas são excelentes para suas famílias e empresas, mas são péssimas para si mesmas, o que é um paradoxo. Infelizmente, a mais importante residência do ser humano, a sua casa mental, a sua psique, tem montanhas de lixos e desperdícios incontáveis. Esse é o cardápio diário de bilhões de seres humanos.

O índice GEEI agravou-se na era da TV, asfixiando o diálogo e promovendo o isolamento, mas, na era digital, piorou muitíssimo: encarcerou o ser humano dentro de si, fazendo pais e filhos reféns dos celulares, com uma dívida dramática com sua saúde mental e sua saúde interpessoal. A família moderna se tornou um grupo de estranhos, próximos fisicamente, mas quase infinitamente distantes emocionalmente.

Pais e filhos estão à mesa desconectados entre si, sem conversar sobre seus desafios e suas aventuras, mas aprisionados em seus aparelhos digitais. Os finais de semana não são festas familiares, são festas digitais, artificiais, regadas a gastos inúteis de tempo com respostas e conexões intermináveis. E o tempo é implacável, pois é irretornável. Pais e mães se mantêm tão ocupados no Facebook, Instagram, YouTube, X (antigo Twitter), WhatsApp, que não têm tempo para seus filhos. Eles treinam os filhos para fazerem o mesmo e depois reclamam que não têm a atenção deles. Pais e mães hiperconectados com altos índices GEEI geram filhos ansiosos, despreparados para a vida.

Mães mais maduras viviam relativamente isoladas, mas o WhatsApp as libertou. Têm tantas amigas agora que ficam viciadas em dar centenas de respostas diárias, mas não enviam mensagens para personagens reais ao seu lado, como seus próprios filhos. Esse é um erro que os pais também estão cometendo muitíssimo. Pais e mães na era digital cumprem o trivial, dão broncas, orientações, cobram tarefa de escola, mas se esquecem do essencial: construir um diálogo gostoso, agradável, profundo, regado a elogios. Em nenhuma outra época pais e mães sepultaram seus filhos vivos como na era digital.

Raramente eles perguntam para os filhos: quais são seus sonhos, que pesadelos o assombram, o que posso fazer para torná-lo mais feliz, motivado ou para que supere seus conflitos? Nem sequer têm tempo ou habilidade para falar das suas lágrimas, para que seus filhos aprendam a chorar as deles, pois cedo ou tarde chorarão, um fenômeno sobre o qual eu já alertava há muitos anos no meu livro *Pais brilhantes, professores fascinantes*.[iii] Acho que é a obra educacional mais lida na era analógica, e agora é triste atestar que raríssimos pais são brilhantes na era digital. Pais, parem com essa mania de responder a todo mundo no WhatsApp e nas redes sociais. Se vocês tiverem amigos verdadeiros o suficiente para preencher os dedos de uma mão, se deem por felizes, pois a maioria não tem um amigo concreto, nem é amigo de si mesmo. Quem tem GEEI alto não é amigo de si em hipótese alguma, não sabe namorar a vida.

> Acordem, o mundo digital nos enganou com essa tremenda e superficial sociabilidade.

No passado, os pais não terceirizavam a educação dos filhos para a escola. No início da era digital, muitos pais passaram a terceirizar e não tinham tempo nem paciência para lidar com filhos agitados. Agora não são poucos os pais que, ao verem seus filhos superansiosos, com diagnóstico de hiperatividade, os colocam em mil atividades para eles gastarem energia. O resultado? As crianças têm tempo para tudo, mas não para ter infância, relaxar, lidar com o tédio e se reinventar. Querem matar o tempo, querem destruir a preciosíssima solidão, que é um bilhete de passagem para a interiorização. A ansiedade digital é de fato o mal do milênio e vai perdurar e se agravar nos próximos séculos, a não ser que um programa de gestão da emoção reverta esse caminho de destruição coletiva da saúde emocional e da formação de pensadores.

PARA SEMPRE LEMBRAR:

Pais e filhos estão à mesa desconectados entre si, sem conversar sobre seus desafios e suas aventuras, mas aprisionados em seus aparelhos digitais. Os finais de semana não são festas familiares, são festas digitais, artificiais, regadas a gastos inúteis de tempo com respostas e conexões intermináveis. E o tempo é implacável, pois é irretornável. Pais e mães se mantêm tão ocupados no Facebook, Instagram, YouTube, X (antigo Twitter), WhatsApp, que não têm tempo para seus filhos. Eles treinam os filhos para fazerem o mesmo e depois reclamam que não têm a atenção deles. Pais e mães hiperconectados com altos índices GEEI (Gasto de Energia Emocional Inútil) geram filhos ansiosos, despreparados para a vida.

3

Treinando a emoção para ser saudável: o exemplo do mestre dos mestres

O mestre dos mestres e seu notável treinamento de gestão da emoção

Nem mesmo o professor dos professores, o mestre dos mestres, Jesus Cristo, abriu mão do treinamento de gestão da emoção para seus alunos – pelo contrário, o levou aos últimos estágios. O time que ele escolheu não passaria nos testes de qualquer equipe de recursos humanos. Todos seriam desclassificados. E a turma era complicada, estressada e explosiva, amavam o poder, disputavam entre si, negaram, traíram, abandonaram, enfim, amavam a antiferramenta de gestão da emoção: bateu-levou. Creio que fui um dos raros psiquiatras e pesquisadores, se não o único, que teve o privilégio de estudar a inteligência de Cristo e dos seus alunos. Se eu vivesse no tempo da Inquisição, certamente não escaparia da fogueira. Parecia uma ousadia, mas meus estudos, em primeiro lugar, me fizeram ter contato com minha fragilidade, minha pequenez, e a grandeza inenarrável do professor do qual eu descria. Fiquei fascinado: nunca alguém tão grande se fez tão pequeno para tornar os pequenos grandes.

Meus estudos, em segundo lugar, à luz da psiquiatria, da psicologia, da sociologia e da psicopedagogia, e não da religião, felizmente impactaram milhões de pessoas, não apenas das escolas e universidades, mas também das mais diversas religiões, incluindo as não cristãs e as que têm Jesus Cristo como modelo de vida. Todas as religiões erraram em não estudar a mente de Jesus sob seus aspectos humanos. E ele proclamou que era o filho da humanidade por mais de sessenta vezes. As universidades foram infantis e tímidas ao não a estudar com isenção e profundidade. Colocaram-no num lugar indigno das agendas das universidades, em décimo plano no estudo dos grandes pensadores, dando mais valor a qualquer pensador medíocre. Desse modo, a mente mais brilhante, o homem mais inteligente, foi banido do sistema educacional.

Ele escolheu propositadamente alunos que só lhe davam dores de cabeça. Pedro era agitado, tenso, ansioso, como os jovens mais intoxicados digitalmente da atualidade. Só que, no caso dele, sua ansiedade devia ter fundo genético, e também podia dever-se à árdua luta pela sobrevivência. A emoção de João flutuava como se estivesse numa gangorra, tinha personalidade bipolar, embora não depressão bipolar. Num momento era um aluno regado à generosidade; noutro, ao ser contrariado, tornava-se um algoz de quem pensava diferente e queria eliminar quem não andava com seu Mestre. Tomé era inseguro, desconfiado, e acreditava em teorias da conspiração, como muitos nas redes sociais. Ele tinha de ver com os próprios olhos, tocar com as próprias mãos, pois era autocentrado. Mateus tinha fama de corrupto, e Judas Iscariotes, o mais culto, dosado, sereno, com vocação social – portanto, o melhor deles –, tinha o pior erro: não era transparente. E quem não é transparente leva para o túmulo seus conflitos, erros, manias, transtornos emocionais.

A minha área é a mente humana, portanto, não vou discorrer sobre Jesus Cristo sob os ângulos da teologia. Procurem quem saiba. Ao contrário dos diversos religiosos das mais variadas religiões, o Mestre de Nazaré não fazia milagres na mente. Em seu famoso curso de psicologia aplicada no Sermão da Montanha, ele treinou seus alunos com as mais incríveis ferramentas para serem vivenciadas diariamente: felizes os que esvaziam seu ego, pois deles é o reino da sabedoria (parafraseando); felizes os mansos, pois herdarão a terra da sua mente (parafraseando).

> A psique ou mente é um campo de treinamento, transformação e reedição da memória.

Sem treinamento humilde e diário, reitero, você estará fora do jogo da transformação. A mente deve se renovar, pois traumas, conflitos, características de personalidade doentia não se apagam nunca, só se reeditam, a não ser que haja destruição do córtex cerebral por um tumor, traumatismo ou degeneração dos neurônios. Jesus ficou famosíssimo em seu tempo, uma celebridade que não tinha espaço para comer, mas, mesmo no auge do sucesso, sempre viveu e treinou seus alunos para contemplar o belo, viajar para dentro de si mesmos em momentos únicos.

A certa altura, no ápice do assédio social, Jesus parou, suspirou e, para espanto da plateia que o rodeava e que queria mais um evento extraordinário, disse: "Olhai os lírios dos campos". Você vê lírios nos solos da mente dos seus filhos? Dos seus alunos? De seu marido ou esposa? Talvez veja pedras e areia. Talvez vislumbre seus defeitos e decepções, por isso talvez seja um apontador de erros, um criticista. Mas há lírios nos terrenos áridos de todos que estão ao nosso redor. Porém, perdemos a capacidade de enxergar. A urgência da vida, a ansiedade digital e a fama produzem uma seriíssima miopia nos olhos da nossa mente, impedindo-nos de fazer das pequenas coisas um espetáculo aos olhos.

Miseráveis no território da emoção

O carpinteiro da emoção tinha tempo para flores no auge do sucesso, algo raríssimo entre os bilionários listados pela revista Forbes, entre os influenciadores digitais e até entre os líderes religiosos famosos. Se você quer saber se uma pessoa ainda é emocionalmente saudável depois de ter atingido o sucesso financeiro, social, político, digital ou religioso, observe se ela ainda tem tempo para as flores, que metaforicamente representam as coisas mais importantes da existência, mas que passam despercebidas. Conectados em seus celulares, muitos enterram vivos seus amigos de infância e nunca mais os procuram. Outros enterram seus filhos, ou seus pais, ou seu cônjuge, embora também estejam vivos, pois não dialogam, não têm conversas agradáveis, não distribuem elogios, mas são peritos em distribuir críticas e falar de problemas. E, infelizmente, muitos enterram a si mesmos, embora estejam pulsando de vida, pois se autoabandonam, cobram demais de si, não sabem se abraçar.

Muitos jovens se comparam com os outros nas redes sociais, se diminuem, se apequenam, não contemplam lírios no território da sua emoção, não sabem que são únicos. Medem sua autoestima pelo número de *likes* e respostas positivas. Nada é tão autodestrutivo quanto isso. Não é sem razão que aumentamos em mais de 150% o índice de suicídios entre pré-adolescentes de 10 a 19 anos entre 2020 e 2022.[iv] Todo jovem que pensa em morrer, como tenho alardeado em muitas obras, tem fome e sede de viver. Eles não querem se matar, mas matar seu sofrimento, a dor do autoabandono, a dor gerada pela ansiedade digital, a dor da comparação, a dor da não correspondência das expectativas, a dor de não contemplar o belo.

Parece um paradoxo, mas pesquisas demonstram que muitos religiosos, à medida que se tornam famosos e passam a ter milhares que os ouvem ou milhões nas redes sociais, vão asfixiando o prazer de viver e aumentando os níveis de ansiedade. Vivem para resolver problemas que cada vez mais são gravíssimos, e também para manter o sucesso. E o sucesso é mais difícil de ser trabalhado que o fracasso.

Os políticos frequentemente adoecem em sua jornada pelo poder. No início da carreira, são capazes até de cumprimentar manequins em lojas e pedir votos (isso já aconteceu com um político que conheci). Com o tempo, um voto, ou milhares, representa a mesma coisa, o importante é ganhar a eleição. Não sabem que numa democracia são meros empregados da sociedade. Gostaria de ver presidentes, governadores, senadores, deputados, prefeitos e vereadores bradando dia e noite: não deem muita atenção a mim, sou um mero empregado da sociedade.

Mas não poucos políticos se sentem proprietários da "empresa chamada sociedade", pequenos deuses que não enxergam que morrem um pouco todos os dias. Intoxicados digitalmente, deslumbrados com a fama, muitos líderes não entendem que só é digno do poder quem se curva diante da sociedade para servi-la e quem ama mais a humanidade do que sua débil ideologia ou partido.

O homem mais famoso da história disse sobre os lírios dos campos: "vejam como eles são tão belos". A expressão "tão belos" indica não admiração, mas um olhar atento e embevecido; portanto, contemplação. Nesse mesmo texto, ele fez uma crítica séria e delicada ao grande rei Salomão: nem Salomão se vestiu como um dos lírios. Esse rei se perdeu no poder, no sucesso e na fama. Viveu uma busca desenfreada pelo prazer e, por fim, se deprimiu severamente dizendo que "tudo era vaidade, que não havia nada de novo debaixo do céu". Para o mestre dos mestres, nem sequer um lírio do campo era vaidade, comum, ordinário, mas um espetáculo aos seus olhos.

> O carpinteiro de Nazaré era felicíssimo, pois, mesmo no auge do sucesso e assédio, sabia fazer muito do pouco, tinha tempo para as flores. E você, tem tempo para contemplar as flores do solo da mente de seus filhos, alunos, pais, cônjuge? Ou é um criticista?

Salomão tinha palácios, vinhas, serviçais, vestes tecidas de ouro e fama internacional, mas essa avalanche de estímulos o intoxicou como os influenciadores na era digital. Tudo era cruelmente entediante. Um homem sábio se autodestruiu, chegando a dizer que era melhor ter sofrido aborto, revelando uma depressão gravíssima. Não basta ser inteligente, nem basta ser sábio, é fundamental contemplar o belo. Caso contrário, o excesso de informação destrói a leveza e a profundidade emocional.

Não são poucos os intelectuais, roteiristas, cientistas, escritores que se deprimem. Pensam muito, mas perdem a paixão pela vida. Foram enganados pelo que sabem, que parece tão volumoso, mas todo o conhecimento que têm cabe na palma de uma mão perto do oceano infindável da ciência.

> Pense como adulto, mas sinta a vida como uma criança deslumbrada, pois a vida é um mistério, e não sabemos quase nada sobre ela.

Um dos maiores treinos a que eu mesmo me submeto é ter consciência de que ser o psiquiatra mais lido do mundo não tem qualquer valor; ser o autor mais lido do meu país neste século, igualmente; só tem valor se contribuir com a humanidade, só tem relevância se faço muito daquilo que o dinheiro não pode comprar. Caso contrário, sou um escravo vivendo em sociedade livre. Ninguém leva fama, validação social, brilho intelectual para o túmulo. Mas, na era digital, buscam-se tais fenômenos como se eternos fôssemos, como drogas para uma mente insaciável.

O maior professor da história treinou seus alunos a olhar prostitutas por dentro, sua complexidade intelecto/emocional, sua jornada de vida cáustica, revelando que elas eram dignas de serem abraçadas e acolhidas como rainhas, e não apedrejadas como escória social. Ensinou-lhes a ver além da pele apodrecida e carcomida de um leproso, e enxergar o ser humano único e irrepetível que estava atrás do preconceito social.

Quem defende tanto os direitos humanos como Jesus Cristo? O grande Einstein contemplava o belo na física, brilhou na ciência, mas cometeu erros crassos na vida, como ter abandonado seu filho num manicômio. Nada é tão opaco e inumano. Gandhi foi um notável mestre da não violência, mas em muitos momentos foi autoritário com sua inteligentíssima esposa e não tão acolhedor com seu filho alcoólatra. Diferentemente de todos os personagens que estudei, pois minha teoria estuda o processo de construção de pensamentos e o processo de formação de pensadores, o mestre dos mestres apostava tudo que tinha naqueles que pouco tinham.

Ele foi muito longe, muito mais que os que o defendem nas mais diversas religiões. Ele treinou seus alunos a amar incondicionalmente: "se amam apenas os que vos amam, que recompensa tendes?". Ensinou ainda a dar a outra face como sinal não de fragilidade, mas de poder, pois só quem é tremendamente poderoso e resiliente é capaz de elogiar um desafeto ou estender as mãos para um inimigo.

> Somente quem tem gestão da emoção no mais alto nível não compra o que não lhe pertence, as ofensas, rejeições e críticas que não produziu.

Que homem é esse, que é o mais famoso da história, mas ao mesmo tempo é o menos conhecido em sua psique pelas universidades e religiões? Estudar sua jornada de vida e sua agenda psicopedagógica pode contribuir muito na prevenção do radicalismo, egocentrismo, egoísmo, individualismo, necessidade neurótica de fama, comparação e poder, que são sintomas graves da ansiedade digital.

Os ecologistas também são ambientalistas emocionais irresponsáveis

Você pode ser o melhor ambientalista do seu país e o melhor ecologista do mundo, mas provavelmente também é irresponsável em preservar os recursos do planeta mente. Qual o seu índice GEEI? Não conheço ninguém que seja um excelente ambientalista emocional ou ecologista fascinante do ecossistema intelectual, que saiba impugnar pensamentos perturbadores, reciclar emoções tensas, reinventar-se no caos, dar risada de seus erros suportáveis, ser bem-humorado com as pessoas lentas, enxergar um charme nos defeitos dos outros. Não conheço ninguém que seja um mestre em administrar o estresse para transformar perdas em ganhos, crises em sabedoria, fracassos em sucessos.

Mesmo os peritos em inteligência emocional têm altos índices GEEI. E palestrantes motivacionais que agitam muito as plateias podem, sem o saber, aumentar mais o índice GEEI do que imaginam, embora gerem motivação temporária. Reitero, todos somos pequenos aprendizes. E, por falar em inteligência emocional, permita-me quebrar mais um dogma. Em tese, não existe inteligência emocional, como milhões de psicólogos, neurologistas, professores e coachs acreditam.

A emoção é sempre desinteligente, não produz pensamento, é inconsciente, não pode ser autogerida. Desde que Daniel Goleman lançou o livro *Inteligência emocional*,[v] ele levantou a bandeira de um importante tema, deu regras e princípios, mas gerou uma confusão sem precedentes em relação ao que é a emocionalidade. Milhões de pessoas compraram a ideia da inteligência emocional sem conhecer a natureza da emoção, seus processos de construção e de transformação. Sem saber que a emoção jamais terá autocontrole, que sempre será um bebê no psiquismo, embora possa produzir o prazer, o sentido de vida, o amor, a motivação e todas as mazelas psíquicas.

> Quem deve gerir a emoção ou administrá-la é o Eu.

A educação cartesiana, incluindo as melhores universidades, está doente, formando pessoas doentes para uma humanidade doente. Ela não ensina o que é a emoção, qual o sistema de relação com os pensamentos e quais são os papéis do Eu na gestão emocional. Gestão da emoção é fundamental para equipar seu Eu a fim de proteger sua mente; caso contrário, ela poderá ser terra de ninguém, desprotegida, e, como vimos, produtora de inumeráveis lixos mentais e desperdícios emocionais.

Pense nisto: se você tem uma propriedade, uma casa ou um apartamento, um estranho não pode invadi-la sem autorização. Por quê? Porque você vive numa sociedade na qual o direito à privacidade e à propriedade está garantido pela Constituição do seu país. Todavia, sem gestão da emoção, a mais complexa propriedade, a mente humana, o território da emoção, se torna terra sem qualquer proteção, passível de invasões contínuas.

Observe sua experiência. Uma crítica de um aluno pode desequilibrar um professor. Uma birra de um filho pode alterar muito a emoção dos pais. Uma injustiça praticada por um cônjuge desestabiliza o outro. Um *hater*, alguém que faz um discurso de ódio ou comentários depreciativos nas redes sociais, pode ter muito mais impacto do que cem elogios para muitos influenciadores digitais. A emoção se torna terra de ninguém se o Eu não a protege, se ele não treina uma ferramenta de gestão da emoção fundamental: minha paz vale ouro, o resto é lixo. Ao resto me refiro não às pessoas, mas aos estímulos estressantes.

Quando desenvolvi essa técnica, que diariamente deveria ser vivenciada, repetida e repensada dentro de nós, entendi que nossa espécie é emocionalmente infantil e doente, nossas escolas são estéreis para nos ensinar o mínimo de proteção. Não prevenimos transtornos emocionais. Esperamos as pessoas adoecerem mentalmente para depois tratá-las – nada é tão cruel como isso. Inconformado, desenvolvi os projetos Escola da Inteligência, Academia de Brincar e Academia Antiestresse.

Desculpe-me falar desses projetos, mas são muito importantes. Em relação à Academia de Brincar, primeira academia de brincar com gestão da emoção do mundo, crianças de 1 a 7 anos frequentam-na diariamente ou algumas horas por semana. Nela, queremos ensiná-las a brincar por meio de atividades lúdicas, artesanato e teatro, ao mesmo tempo que aprendem as notáveis ferramentas de gestão da emoção: "a mente *mente*", "minha saúde emocional vale ouro, por nada (bullying, fracassos, notas ruins) devo vendê-la ou trocá-la", "duvidar de tudo que me asfixia mentalmente, incluindo meus medos", "abaixo a ditadura da beleza: eu sou belo(a)". Além disso, as crianças também desenvolvem autonomia, oratória, sociabilidade, superação da timidez, da insegurança e prevenção da ansiedade digital.

Em relação à Academia Antiestresse, queremos que desde crianças de 6 anos até adultos de 70 anos aprendam a praticar o mínimo de exercícios físicos também usando ferramentas de gestão da emoção. Os jovens e adultos viciados digitalmente não têm muito prazer em práticas esportivas, seu esporte é pensar, mas não construtivamente. Eles praticarão exercícios por 20 minutos e depois se sentarão em círculo e discutirão em grupo as mais diversas ferramentas para proteger sua emoção, reciclar o lixo mental, contemplar o belo e ser autor da sua própria história. Ao se sentarem em grupo, observando os olhos uns dos outros, objetivamos ainda que os jovens treinem a arte de celebrar e aplaudir os progressos uns dos outros, criando um ambiente social regado a apoio, generosidade, antibullying, propiciando mais condições para formar mentes livres e emocionalmente saudáveis.

Em relação à Escola da Inteligência, muitos já a conhecem, pois tem sido desenvolvida e praticada há mais de uma década. É o primeiro programa mundial de educação socioemocional e o maior deles, atingindo, anualmente, mais de 400 mil alunos, mais de mil escolas conveniadas e mais de 1,5 milhão de pessoas impactadas, incluindo familiares e educadores. Prevê uma aula por semana dentro da grade curricular, na qual se trabalham as habilidades socioemocionais, como pensar antes de reagir, empatia e resiliência.

Automutilação dos jovens: uma epidemia

Está tudo certo com a constituição do país, os direitos estão garantidos, e, se houver violações, há demandas jurídicas para tentar reparar o dano. Mas está tudo errado com a constituição da emoção. Como a educação mundial, de um modo geral, não ensina o Eu a gerir a psique, as consequências são devastadoras. Muitos filhos estão feridos, asfixiados, chorando sem lágrimas, sem que seus pais saibam. O dano não é reparado, eles se tornam janelas traumáticas ou killers que, como comentei, são inapagáveis, apenas passíveis de serem reeditadas. Milhões de jovens e adultos estão sofrendo, procurando um sucesso rápido e uma felicidade artificial nas redes sociais.

Certa vez, uma das psicólogas de nossos programas, P.L., estava numa academia e encontrou uma jovem de cerca de 14 anos, M.C., com uma camiseta de manga comprida. A psicóloga notou algo anormal com o braço da garota quando ela se exercitava. Identificaram-se e começaram a interagir. A jovem suspirou ao saber a profissão de M.C. Esta, vendo a face ansiosa da garota, perguntou: "Você se mutila?". M.C. pensou, franziu o rosto. E depois confessou que sim. A conversa se estendeu, e a psicóloga indagou: "Mais alguém na sua sala se mutila?". A jovem ficou intrigada com a pergunta da psicóloga e comentou com expressão de tristeza: "Como assim? Somos em mais de vinte alunos em minha classe, e que eu saiba apenas dois não se mutilam". E ainda discorreu que é comum que seus colegas falem sobre a falta de sentido da vida, crises ansiosas que os atingem, sentimento de autodestruição e coisas do gênero. Era uma das escolas mais caras de sua cidade. Porém, usava um método cartesiano, racionalista, que ensinava milhões de dados sobre o mundo de fora, mas não sobre o complexo planeta da emoção.

A jornada de vida de cada ser humano tem histórias de fracassos, frustrações, decepções. Como entre os jovens a resiliência é baixa, como a capacidade de suportar decepções é diminuta, essas experiências os encarceram, podendo levá-los a perder o encanto pela vida. Milhares de pré-adolescentes e adolescentes se mutilam nos banheiros das escolas sem que seus pais ou professores saibam. Eles se sentem diminuídos, rejeitados, infelizes, estressados; alguns, encorajados por informações nas redes sociais, se ferem. Mas não são masoquistas.

Aliás, ninguém é masoquista. A palavra "masoquismo" deveria ser banida do teatro da psicologia e da psiquiatria. Ninguém quer imprimir dor em si. Se o fazem, é porque, consciente ou inconscientemente, tentam neutralizar uma dor emocional. Na era da ansiedade digital, a juventude mundial é bombardeada diariamente com informações que se alternam numa velocidade altíssima, com o padrão tirânico de beleza, com a história artificial de alguns influenciadores, com padrões de felicidade doentios. O resultado é uma expansão da ansiedade, falta de sentido existencial, asfixia da motivação e, às vezes, humor depressivo.

Se os estudantes da pré-escola à pós-graduação fossem treinados a usar as poderosas ferramentas de gestão da emoção, como duvidar de tudo que os controla, impugnar pensamentos perturbadores, decidir ser líder de si mesmo e determinar, forte e conscientemente, não ser escravo da opinião dos outros, eles se protegeriam mentalmente, não se autopuniriam nem se apequenariam de maneira atroz, mas se tornariam protagonistas da própria história e pilotos brilhantes da sua aeronave psíquica.

> Os gestores da emoção são capazes até de dar risada de seus erros suportáveis, viver uma vida mais leve, bem-humorada, nunca exigindo de si o que não podem dar nem comparando seu corpo, seu raciocínio e seu sucesso com os dos outros. Namoram a vida, pois descobrem que são únicos e irrepetíveis.

PARA SEMPRE LEMBRAR:

O homem mais famoso da história disse sobre os lírios dos campos: "vejam como eles são tão belos". A expressão "tão belos" indica não admiração, mas um olhar atento e embevecido; portanto, contemplação. Nesse mesmo texto, ele fez uma crítica séria e delicada ao grande rei Salomão: nem Salomão se vestiu como um dos lírios. Esse rei, como muitos influenciadores digitais, se perdeu no poder, no sucesso e na fama. Viveu uma busca desenfreada pelo prazer e pela visibilidade, e, por fim, se deprimiu severamente dizendo que "tudo era vaidade, que não havia nada de novo debaixo do céu". Para o mestre dos mestres, nem sequer um lírio do campo era vaidade, comum, ordinário, mas um espetáculo aos seus olhos. Os segredos da felicidade inteligente e sustentável estão nas coisas simples e anônimas. CONTEMPLE-AS.

4

As redes sociais: a busca frenética pela exposição aprisiona e adoece

Faça um *pit stop*: pare e olhe para dentro de você e de quem você ama

Algumas celebridades detestam biógrafos não autorizados, seja porque revelam privacidades, seja porque tais biógrafos estão desinformados, seja porque distorcem dados ou tiram informações de contexto, ou ainda porque elas querem viver o máximo possível anonimamente, ainda que não consigam. Mas o que elas não sabem, nem o ser humano de um modo geral, inclusive pensadores da psiquiatria, da psicologia, da pedagogia e da sociologia, é que há um biógrafo não autorizado em nosso cérebro que registra tudo sem autorização do nosso Eu. Tive o privilégio de descobri-lo e descrevê-lo. E a presença desse biógrafo muda tudo na evolução da personalidade, na formação de traumas e no processo de aprendizado e construção de conflitos sociais.

Características psicodinâmicas do biógrafo cerebral ou fenômeno RAM:

- O registro é automático. O registro opera em frações de segundo, mas a janela fica aberta por alguns segundos, no máximo cinco, pela minha observação. Com isso, se você registrou um pensamento perturbador, uma emoção fóbica, uma ofensa ou crítica injusta, tem no máximo cinco segundos para duvidar do controle desse registro e para criticá-lo, reeditá-lo e neutralizá-lo. Como nosso Eu não é treinado para gerir nossa mente, ele é irresponsável, relapso, não faz a higiene mental. Lembre-se do que já afirmei, mesmo os melhores ambientalistas e ecologistas, os mais combativos e defensores do planeta Terra, são irresponsáveis em preservar os recursos do planeta mente. São rápidos para denunciar os fenômenos que afetam o aquecimento global, mas lentos em conhecer e denunciar para si mesmos os fenômenos que afetam o "aquecimento" ou "esgotamento" mental.
- O registro é involuntário, não depende da vontade humana. Milhares de pensamentos, emoções e experiências sociais são registrados diária e involuntariamente. Na era digital, esse número se multiplicou assustadoramente. Você é um deus da memória dos computadores, mas será uma frágil criança diante da sua memória. Nos computadores, você decide o que registrar; na memória humana, jamais terá essa decisão, pois a rejeição de um estímulo reforça o registro, a não ser que você não tenha contato mental com ele. Até a leitura de uma palavra será realizada involuntariamente. Você pode fugir de todos os seus

inimigos fisicamente, mas jamais conseguirá se livrar deles em sua mente. A não ser que use importantes estratégias de gestão psíquica e reedição. E essas estratégias não são rápidas nem mágicas.

- Tudo que tem mais emocionalidade, seja alegria ou dor, gerará janelas poderosas: traumáticas (killer), quando houver qualquer tipo de sofrimento; e saudáveis (light), quando houver experiências prazerosas. Mas, como as crises de ansiedade, o humor depressivo, as reações fóbicas, as rejeições, os fracassos etc. produzem altíssimo volume de tensão, se tornam as memórias afetivas mais resgatadas, relidas, retroalimentadas e influenciadoras da evolução da personalidade.

Devido aos processos complexos e multifocais de registro e leitura das informações e sua utilização na construção de cadeias de pensamentos e de experiências emocionais, nossa mente é uma caixa de paradoxos. Você pode ter pessoas pessimistas que não tiveram um passado tão traumático, e pessoas otimistas que tiveram um passado dramático. Você pode ter jovens egocêntricos que tiveram uma educação altruísta e jovens generosos que tiveram uma educação individualista. Você pode ter pessoas tímidas em lares sociáveis e pessoas seguras criadas em famílias frágeis e tímidas. Esses paradoxos ocorrem não apenas por causa da carga genética, que promove a excitabilidade ou retração emocional, mas também por causa de quatro fatores principais: 1 – a formação do Eu; 2 – o nível de reedição das janelas doentias produzidas pelo Eu por atuação espontânea do fenômeno RAM; 3 – a retroalimentação das janelas não reeditadas; 4 – as escolhas que o Eu faz ao longo da jornada de vida.

De modo geral, o lixo mental, incluindo os diversos tipos de dores emocionais, por sofrer um registro superdimensionado no córtex cerebral, tem mais preponderância do que as experiências prazerosas no psiquismo humano, em especial se o Eu as retroalimentar. Por exemplo, um ataque de pânico produz em poucos segundos uma Janela Killer Duplo P, com dois superpoderes: poder de ser encontrada em meio a milhares de janelas ou arquivos saudáveis e poder de ser relida e expandida. Os ataques de pânico são o teatro da morte. Não se morre por essas crises de ansiedade, mas quem sofre tais ataques não pensa assim. No momento do ataque de pânico, jura que vai morrer ou desmaiar publicamente, ainda que seja um cardiologista.

A era da ansiedade digital aumentou dramaticamente os níveis de ansiedade, expandindo os sintomas psicossomáticos (sintomas físicos de origem emocional), como cefaleias, dores musculares, falta de ar, nó na garganta, diarreia quando tenso, taquicardia, vertigem ou tontura – o verdadeiro mal do milênio. Há sintomas de todos os tipos, inclusive coceira ou prurido. Esses sintomas são um grito de alerta do cérebro para executivos estressados, pais preocupados, professores esgotados e em especial jovens plugados no mundo digital.

> O cérebro grita por meio dos sintomas: "Mude seu estilo de vida! Não estou suportando mais!". Mas os heróis, os que se acham imortais, não ouvem a voz do cérebro.

Só desabam quando têm um ataque de pânico ou uma crise de ansiedade insuportável. Somos irresponsáveis em cuidar do planeta mente. Você é um herói? É muito melhor um covarde vivo do que um herói morto. Por piores que sejam os ataques de pânico, quem os tem, não desanime, pois é uma oportunidade de ouro para a mudança de jornada, já que, ao superá-los, acaba-se se apaixonando pela vida outra vez.

A maior vingança contra um inimigo é perdoá-lo

O fenômeno RAM revela privacidades? Não para os outros, mas para o próprio ser humano. Ele registra nossa biografia e descortina sempre nossas mazelas para nós mesmos. Por isso, há pessoas que carregam a culpa a vida toda ou nutrem ódio por alguém em toda a sua história. Não adianta fugir, negar, se esconder dos conflitos, vexames, humilhações, fracassos, desafetos, inimigos; você tem de reescrevê-los. Aonde você for, carregará a sua biografia. Ela estará diante dos seus olhos, sempre aberta, e não mofando numa biblioteca. Portanto, se quer ver dias felizes, cuide da qualidade do que pensa e do que sente.

Milhões de jovens malham nas academias, cuidam do corpo, mas não treinam a mente. Cuidam da tabela de alimentos que ingerem, mas não cuidam dos nutrientes emocionais que são registrados em seu cérebro. Não é isso uma contradição absurda? Jovens sarados por fora, mas com 100 anos de idade emocional: mentes agitadas, perturbadas pelo futuro, impacientes, preocupadíssimas. São especialistas em valorizar a embalagem, o que é bom, mas péssimos em cuidar do conteúdo, o que é horrível. O índice GEEI (Gasto de Energia Emocional Inútil) deles é altíssimo. Espero, sonho e até suplico para que meus leitores redesenhem seu estilo de vida emocional!

Não faça inimigos. Entenda que, por detrás de um *hater*, há uma pessoa que odeia a si mesma; por detrás de alguém que o fere, há sempre alguém ferido. Essa técnica não resolve o problema dessas pessoas, mas resolve o seu conflito, pois aumenta seus níveis de tolerância às frustrações e sua capacidade de perdoar de forma poderosa.

> Jamais se esqueça de que o perdão é um atributo dos fortes, e o sentimento de vingança ou raiva, dos fracos, pois essas emoções são biografadas de forma implacável no hospedeiro.

A maior vingança contra um inimigo é perdoá-lo, pois ele deixa de viver em sua mente, e o maior favor que se faz a um inimigo é odiá-lo, pois ele se eternizará em você.

Reitero, cuidado! Você tem, no seu cérebro biógrafo não autorizado, registrado rapidamente tudo que se passa na sua mente sem que você autorize. Nunca é demais enfatizar esse tema, pois as redes sociais viram caldeirões de crises e conflitos. Estava na Rússia e, na época, uma garota de 12 anos foi criticada severamente nas redes sociais. Ela ficou tão abalada que atentou contra a própria vida. E daí se alguém criticá-lo, cancelá-lo ou excluí-lo? Faz parte do jogo da vida conviver com pessoas injustas e inumanas, mas não faz parte do jogo você se autodestruir.

> Leve por toda a vida esta ferramenta de gestão da emoção: sua saúde emocional vale ouro, o resto é lixo.

O Eu frágil gera mentes frágeis. Se você detesta alguém, ele vai dormir com você e perturbar seu sono. Se você valoriza um *hater*, ele vai ser registrado na sua memória a tal ponto que vai almoçar e jantar com você e estragar seu apetite. Se você dá muita importância às críticas, não apenas terceiriza sua felicidade em função da opinião dos outros, mas também perde a capacidade de ser líder de si mesmo. As estratégias que o ser humano sempre usou, e está usando intensamente na era digital, como rejeitar, odiar, excluir e negar, nunca funcionaram para livrá-lo dos seus inimigos, desafetos, problemas ou quaisquer estímulos estressantes.

Toda vez que você se sente apequenado, diminuído, desinteligente, incapaz, você provoca o fenômeno RAM a registrar janelas traumáticas que retroalimentam sua timidez, insegurança, autopunição e sentimento de incapacidade. Entretanto, se o Eu atua como protagonista da própria história, impugnando suas ideias pessimistas, reciclando suas emoções angustiantes, você interfere no roteiro e dirige seu *script*; deixa de ser um espectador passivo como têm sido centenas de milhões ou bilhões de seres humanos.

Ouça os ruídos de sua mente

É quase inacreditável que ninguém suporte ouvir um barulho no motor de um carro, ou um pneu murcho, ou uma torneira pingando, ou mesmo ver um trinco na parede, sem parar o que está fazendo e de alguma forma procurar fazer reparos. Porém, paradoxalmente, o aparelho mental dos filhos, alunos, casais, professores e influenciadores digitais está com graves problemas, apresentando sintomas como irritabilidade, descontrole, mau humor, depressão, ansiedade, mas raramente se interrompe o que se está fazendo para procurar tratamento ou, no mínimo, tomar uma atitude para se reinventar. Não fazemos *pit stop* (termo que se usa quando um carro de corrida para num box para fazer reparos) para questionar "como está minha saúde emocional?". Notáveis seres humanos para a sua empresa, são carrascos de si mesmos, colocam-se num lugar indigno da sua agenda. Você faz *pit stop* ou vive numa correria em que não tem tempo para si? Somos passivos, estéreis, só procuramos ajuda para nós ou para quem amamos quando os conflitos se agravam, o que impõe riscos de graves transtornos emocionais, automutilação ou mesmo suicídio.

Pais e professores observam as notas ruins dos filhos e os criticam, mas, diante de comportamentos incomuns, fora da curva, raramente perguntam: "que pensamentos perturbadores o controlam?", "que conflitos e sofrimentos você atravessa?", "que fobias o dominam?". Se você nunca fez perguntas como essas, se apenas aponta as falhas dos outros, me desculpe, mas você está apto a conviver com máquinas, não com seres humanos. Espero que, como meu aluno, você faça *pit stops* e penetre em camadas mais profundas de quem você jura amar, mas não sabe como amar com gestão da emoção.

Na era digital, não temos tido tempo para conversar com leveza e profundidade nem temos desenvolvido habilidades fundamentais para formar mentes livres e emocionalmente saudáveis, como trabalhar perdas e frustrações, resiliência, empatia, capacidade de ousar, de se reinventar, de dar tantas chances quantas forem necessárias para nós mesmos quando falhamos. Dar novas chances para si é fundamental. Abraçar-se, dar risada de certos fracassos, ser bem-humorado com notas fora do tom.

> Saúde mental exige que você não seja implacável consigo, mas tolerante, leve, capaz de apostar em si. Caso contrário, você vai se autossabotar.

E quanto aos outros, que atitude devemos ter quando nos decepcionam? Igualmente, dar tantas chances quantas forem necessárias. Ninguém muda ninguém, mas podemos contribuir com os outros quando apostamos neles, exaltamos seu potencial e os encorajamos a não desistirem nunca. As pessoas mais próximas são as que mais vão decepcionar você. E daí? Decepção faz parte do jogo da vida. Somos imperfeitos vivendo com pessoas imperfeitas. Se você quer conviver com pessoas que não o frustrem, mude para outro planeta, pois elas não existem. Na era digital, o radicalismo e a intolerância ganharam asas.

> Somos implacáveis conosco e com os outros, mas quem treina seu Eu diariamente para gerir a emoção pouco a pouco conquista uma mente livre, criativa, produtiva, rica, bem-humorada e feliz.

Não se obrigue a ser feliz, treine ser feliz

Uma emoção saudável não desenvolve uma felicidade utópica nem uma felicidade obrigatória. Você não pode se obrigar a ser feliz, como é propagado nas redes sociais. Uma festa, todo mundo feliz o tempo todo, na realidade todo mundo mentindo para si e para os outros. Nas redes sociais, as pessoas parecem estar sempre alegres, dispostas, motivadas, sorrindo. Esse é um recorte da realidade, uma felicidade débil e superficial, que não existe no teatro da emoção. Quanto mais se obrigar a ser feliz, maior a chance de ser infeliz; quanto mais se obrigar a ser tranquilo, maior a chance de ser ansioso; quanto mais procurar freneticamente o sucesso, mais terá chance de fracassar, pois mais vai se frustrar, se estressar e bloquear sua capacidade de pensar e se reinventar.

> Ser feliz não é ser alegre o tempo todo, mas transformar invernos em belíssimas primaveras.

Evitar todos os invernos é deixar de viver, procurar só as primaveras é viver artificialmente. Não há céu sem tempestades, não há prazer sem angústias, não há felicidade sem momentos de tristeza, pelo menos sob o ângulo da emoção humana.

A nossa história emocional atravessa invernos e primaveras, e as flores mais notáveis das primaveras são gestadas na escassez hídrica, nos ventos cortantes e nas baixas temperaturas dos invernos. Quem tem medo de intempéries, crises, dificuldades, vaias, rejeições, reitero, está fora do jogo da vida, porque, no jogo da vida, aplausos e vaias, ganhos e perdas, crises e oportunidades fazem parte do show.

A mente humana é tão complexa que tem vida própria independentemente da vontade do Eu, do desejo consciente. Quantos pensamentos perturbadores você produz que seu Eu não queria? Quantos "barulhos", quantos "ruídos" ocorrem na sua mente que você não quis produzir conscientemente? Parece um filme de terror. E de fato construímos um filme de terror mental. Você não precisa se aterrorizar assistindo a um filme de Hollywood; basta seu Eu não aprender a pôr ordem na sua casa psíquica, que poderá se perturbar muito.

Por exemplo, você não deseja ser impulsivo, mas quantas vezes, quando contrariado, age pelo fenômeno bateu-levou, estímulo-resposta. Um débito ou dívida num banco que não foi pago gera transtornos. Mas para quem, para o devedor ou para o cobrador? Geralmente para ambos. Quem deve se angustia, quem cobra se estressa. Já imaginou o débito emocional que o ser humano tem com sua esposa, ou marido, ou filhos, ou alunos? Quem não tem débito emocional mente para si mesmo. Quantas respostas agressivas? Quantas vezes deveríamos pedir desculpas e não ficar se justificando?

Quem eleva o tom de voz, é impaciente, cobrador, criticista, apontador de falhas, está sempre aumentando seu débito no banco da emoção. Quem é flexível, tolerante, leve, apoiador, elogiador, está sempre diminuindo seu débito com quem ama no banco da emoção. Você está aumentando ou diminuindo seu débito?

Você não quer ser tímido, e sim seguro, capaz de expressar suas ideias com maestria e desenvoltura, mas quantas vezes se retrai quando alguém o questiona em público, ou se recolhe dentro de si quando sua equipe de trabalho o critica? Você deseja ser intelectualmente líder de si mesmo e não ser escravo dos mais diversos tipos de medos ou fobias, mas há ser humano que não os tenha? Há pouco tempo, conversando com um empresário americano, ele me disse que tinha um medo estranho, medo de nadar. Já sofreu afogamento? Não! Não sabia nadar? Sabia! Por que tinha medo de piscinas, qual o motivo desse paradoxo? "Eu tenho medo de piranhas." Mas não existem piranhas em piscinas artificiais! Na sua mente existiam. A mente "mente".

A origem do seu conflito passava pela sua infância. Ao assistir ao filme de terror *Piranha*, o fenômeno RAM registrou de forma privilegiada uma janela traumática killer duplo P (poder de ser encontrada em meio a milhões de arquivos e poder de ser lida e retroalimentada), gerando um cárcere mental. Cárceres mentais se constroem quando o Eu não recicla o lixo dos pensamentos e das emoções tensas e os rumina. Um animal ruminante retorna o alimento à boca, o mastiga e o engole de volta. Um ser humano que adoece rumina perdas, mágoas, frustrações, fracassos, bullying, e os devolve para a sua memória, expandindo o seu trauma. Traumas expandidos são um problema. Freud apontou a formação dos traumas em sua teoria psicanalítica, o que foi bom, mas insuficiente. Como ele não estudou sistematicamente a última fronteira da ciência, a construção de pensamentos, não entendeu que a retroalimentação do trauma é tão grave como o próprio trauma original.

> Traumas asfixiantes ou aprisionantes são sempre retroalimentados, ainda que inconscientemente, enquanto traumas que se perdem na colcha de retalhos do córtex cerebral não nos perturbam intensamente porque não foram retroalimentados. Não é, em tese, o impacto da rejeição, perda, frustração, exclusão que determina a dimensão do conflito, mas sua leitura e releitura angustiante.

Muitas crianças e adolescentes vítimas de atrocidades nas guerras sobreviveram e tiveram uma personalidade razoavelmente saudável, enquanto crianças e adolescentes na guerra digital da comparação e necessidade neurótica de evidência social têm desenvolvido uma personalidade doente.

PARA SEMPRE LEMBRAR:

A nossa história emocional atravessa invernos e primaveras, e as flores mais notáveis das primaveras são gestadas na escassez hídrica, nos ventos cortantes e nas baixas temperaturas dos invernos. Quem tem medo de intempéries, crises, dificuldades, vaias, rejeições, reitero, está fora do jogo da vida, porque, no jogo da vida, aplausos e vaias, ganhos e perdas, crises e oportunidades fazem parte do show.

A mente humana é tão complexa que tem vida própria independentemente da vontade do Eu, do desejo consciente. Quantos pensamentos perturbadores você produz que seu Eu não queria? Quantos "barulhos", quantos "ruídos" ocorrem na sua mente que você não quis produzir conscientemente? Parece um filme de terror. E de fato construímos um filme de terror mental. Você não precisa se aterrorizar assistindo a um filme de Hollywood; basta seu Eu não aprender a pôr ordem na sua casa psíquica, que poderá se perturbar muito.

5

A mente "mente": a ansiedade digital tornou-se uma síndrome

Uma das importantes teses do programa de gestão da emoção é que a mente "mente". Você pode ter muitos inimigos ao longo da vida, mas ninguém poderá ser tão agressivo com você como sua própria mente, se não aprender a gerenciar os pensamentos e as emoções. A mente irá mentir para que você sofra por antecipação, se angustie pelos problemas do futuro. Há pais que estão com seus bebês no colo e sofrem com a ideia de que venham a ser dependentes de drogas, possam sofrer acidentes ou até ser vítimas de doenças. A mente mentirá, contando-lhe que coisas horríveis poderão acontecer no seu trabalho, com suas finanças, com o governo do seu país, e que você não terá capacidade de resolvê-las. A mente mentirá que você deve remoer seu passado, ruminar mágoas, frustrações e desafetos. A mente vende preocupações e cobra uma fatura cara: um Eu que não é gestor da sua mente poderá ser vítima de inumeráveis inquietações, gastar mais energia do que consegue repor no sono e acordar literalmente esgotado. A mente "mente" que a vida não tem sentido, que tudo é entediante, que não há razões para viver, embora haja milhões de motivos, e o maior deles é estar vivo.

De longe, numa análise que é apenas um recorte da realidade, você pode encontrar muitas pessoas espetaculares, aparentemente coerentes, dosadas, pacientes, altruístas; mas de perto, numa análise detalhada, ninguém é plenamente livre e saudável. Quanto mais um ser humano for um consumidor emocional irresponsável das mentiras da sua mente, mais ele poderá adoecer. Ele pode enganar quem está perto, mas não pode enganar a si mesmo. Pode vender a imagem de um herói, mas por dentro há um frágil ser humano que precisa ser acolhido.

Quanto mais acelerada e agitada estiver a mente humana na era da ansiedade digital, mais ela mentirá para o ser humano e mais o Eu cairá em suas armadilhas. A mente traz a ideia de que a beleza é cruelmente comparativa, enquanto, na realidade, a beleza está nos olhos de quem vê, não pode ser vendida ou comparada. Mas milhares de pessoas postam nas redes sociais um corpo sarado, bem torneado, impecável, igual ao das bonecas Barbie, sem saber que esse padrão entra no inconsciente coletivo e destrói a autoestima de milhões de pessoas, com destaque para garotas, gerando uma doença que chamo de síndrome PIB (Padrão Inatingível de Beleza) ou síndrome Barbie, que tem como sintomas mais proeminentes autopunição, autocobrança, autoimagem fragmentada, baixa autoestima, sentimento contínuo de comparação, rejeição por uma ou mais áreas do corpo, desconforto diante do espelho e necessidade de se vestir para os olhos dos outros. Por isso, escrevi o livro *A ditadura da beleza e a revolução das mulheres*.[vi]

Os pais e professores devem levar seus filhos e alunos desde a infância a se rebelarem contra o padrão ditatorial de beleza. Sempre dei bonecas para minhas três filhas, Camila, Carol e Claudia, que eram cheinhas e de cor negra. Queria que elas entendessem profundamente que cada ser humano, independentemente da cor da pele, é único e irrepetível. Queria também treiná-las a introjetar em suas personalidades que cada ser humano, independentemente de seu biotipo, é belo e insubstituível. Elas aprenderam a ser líderes de si mesmas, apesar de todas as peripécias e atritos que as crianças têm, especialmente as duas mais novas.

Duas das minhas filhas eram mais cheinhas na adolescência, mas eu enfatizava que elas eram belíssimas, que o que estava errado era o padrão de beleza imposto pela mídia. Explicava que a ditadura da beleza objetivava gerar ansiedade e turbinar o consumo, pois uma pessoa infeliz com seu corpo consome mais. E dizia que muitas modelos fotográficas também eram vítimas. Com ferramentas de gestão da emoção, minhas filhas aprenderam a lidar bem com o estigma social, reacenderam sua autoimagem, elevaram sua autoestima, protagonizaram sua história.

A jornada com minhas filhas foi maravilhosa. Amo estar com elas. Uma das maiores críticas que tenho não é com as pessoas, mas com o tempo. O tempo é cruel – entre a meninice e a velhice são alguns instantes. É uma pena que a vida seja brevíssima. Nesta diminuta existência, nosso objetivo, de pais e filhos, deve ser dilatar o tempo para que possamos viver momentos únicos em tempos únicos. Eu procurava dilatar o tempo emocional não apenas criticando os padrões doentios de beleza ou ensinando ferramentas de gestão da emoção, mas também fazendo muito do pouco. Por exemplo, embora fosse muito ocupado, conduzia a Camila, a Carol e a Claudia a descobrirem as nuances das flores e os detalhes imperceptíveis aos olhos dos apressados e ansiosos. Na era digital, os pais devem se preocupar muito com a educação socioemocional, para neutralizar a vida artificial nas redes sociais.

À noite, ao viajar pelas estradas, provocava-as a olharem para um ponto de luz nas fazendas e irrigava sua empatia, capacidade de apaixonar-se pela vida e de contemplar o belo. Indagava: quem são os habitantes daquela casa? Que lágrimas choraram? Que sonhos têm? Que pesadelos os atingem? Que aventuras vivem? Talvez elas não se recordem de muitas experiências que vivemos, mas não foram esquecidas, se tornaram memórias afetivas que impactaram o processo de formação de suas personalidades. Não poucas vezes falei para elas dos meus desafios e frustrações, pois não queria que gravitassem na órbita de uma pessoa famosa, nem de um psiquiatra que estava acima das doenças emocionais, mas de um simples ser humano em construção, que comprava vírgulas para escrever sua história, mesmo quando o mundo desabava sobre si.

Elas aprenderam a viajar para dentro de si e a perceber que a vida, apesar de todas as suas dores e dificuldades, é um espetáculo único e imperdível. Por isso, se tornaram minhas melhores amigas, melhores amigas entre si e colecionadoras de amigos e amigas.

> Dilatem o tempo, pois, entre a meninice e a velhice, são alguns instantes. Quem está ao seu redor é mais importante que milhões de visualizações, reconhecimento social, aplausos em estádios e nome na lista dos mais ricos.

A ansiedade digital é uma síndrome

Uma das mais graves consequências do excesso de uso de aparelhos digitais é mexer com a caixa preta da construção dos pensamentos e das emoções, adulterando todo o funcionamento da mente, gerando a ansiedade digital, que se caracteriza como uma síndrome emocional. Os aparelhos digitais mexem com o ciclo da dopamina e serotonina, que são dois neurotransmissores cerebrais. Deixe-me fazer um rápido comentário sobre eles.

A serotonina atua no humor, no apetite, no sono, no desejo sexual. E, por atuar na emocionalidade, acaba por interferir na memória, tanto no registro como no acesso. A dopamina também atua na afetividade, no centro de recompensa diante de realizações e frustrações, na memória, na atividade muscular, entre outros. São chamadas erroneamente de moléculas da felicidade. Embora interfiram no humor, elas por si sós não produzem prazer estável, profundo, regado a empatia, autocontrole, contemplação do belo. Cocaína, anfetaminas e outras drogas podem alterar o ciclo desses neurotransmissores, gerando uma flutuabilidade perigosa, aumentando e diminuindo rapidamente seus níveis e provocando dependência.

Tudo que atua rapidamente no centro das emoções, excitando ou tranquilizando, e gerando, portanto, expansão e déficits de respostas, pode produzir dependência psicológica com mais facilidade. Antidepressivos de ação lenta raramente causam dependência – por exemplo, os inibidores seletivos da receptação da serotonina, como fluoxetina e paroxetina. Mas tranquilizantes de ação rápida, como o lorazepan, têm risco alto de causar dependência se não se tomar cuidado com a dose e o tempo de uso. Cocaína e crack superestimulam o ciclo da dopamina e serotonina, depois geram uma depressão de rebote. O resultado? O fenômeno RAM registra Janelas Killer Duplo P, que são retroalimentadas, formando cárceres mentais, o que faz com que o usuário precise de doses cada vez maiores, pois a psicoadaptação vai diminuindo a experiência de prazer, gerando, assim, alta dependência psicológica.

Assim como as drogas estimulantes, as redes sociais provocam o ciclo da serotonina e dopamina, gerando alto grau de excitabilidade com a quantidade de *likes*, visualizações, evidência social ou até mesmo pela alternância atroz das imagens; depois gera-se frustração, pois é um mundo artificial. O resultado? Alta dependência psicológica, como com a cocaína. E como ela, milhões de usuários têm a necessidade ansiosa de passar cada vez mais tempo nos aparelhos digitais, para sentir cada vez menos prazer.

Tenho dado diversos treinamentos para magistrados, inclusive para a Polícia Federal, e tenho alertado esses nobres profissionais sobre os riscos impostos à saúde emocional da juventude mundial. Estamos na era dos cárceres mentais e dos mendigos emocionais. Mas infelizmente o uso indiscriminado de redes sociais e videogames é uma droga socialmente aceita e comercialmente livre. Deveria haver limites para as crianças. Falarei sobre isso. Mas, na primeira infância, criança deveria ser criança e estar fora do digital. Mexer com o ciclo da dopamina e serotonina é gravíssimo, uma atrocidade inimaginável para o futuro emocional e intelectual delas.

O mundo digital trouxe aumento da produtividade das empresas, expansão da sociabilidade e incremento ao acesso às informações. Algo digno de aplausos. Mas o excesso de uso de aparelhos digitais, redes sociais e videogames gera o caos no psiquismo humano. Steve Jobs, quando lançou seu primeiro smartphone, em 2007, não tinha a mínima ideia da dependência psicológica, dos transtornos emocionais e dos inúmeros suicídios que indiretamente esses aparelhos iriam causar. Mas causaram! O Vale do Silício tem uma dívida gigantesca com a juventude mundial. Precisa fazer pesquisas para comprovar o que está patente diante de muitos psiquiatras, psicólogos, professores e pais.

> Liberdade é fundamental, mas dar indiscriminadamente aparelhos digitais para crianças na hora do almoço ou jantar, na hora de brincar e estudar, na hora de dialogar e interagir, é um crime alarmante.

Se você tiver dúvida sobre se os aparelhos digitais interferem nos ciclos da dopamina e serotonina, gerando dependência emocional, retire um aparelho celular de um adolescente que o usa por mais de duas ou três horas por dia e observe se não aparecem sintomas de abstinência. A síndrome da intoxicação é uma doença, com vários sintomas:

- Fadiga ao acordar. O sono deixa de ser reparador.
- Irritabilidade. Pequenos estímulos estressantes perturbam muito.
- Ansiedade.
- Intolerância às frustrações. Dificuldade de trabalhar perdas, decepções, *haters*, críticas.
- Humor triste tendendo a depressivo. A tristeza constrói, mas o humor depressivo destrói.
- Esgotamento cerebral acompanhado de sintomas psicossomáticos.

- Insônia ou sono de má qualidade.
- Sentimento de vazio existencial. Falta de sentido e propósito de vida.
- Necessidade neurótica de evidência social.
- Necessidade neurótica de comparação.
- Asco ao tédio. Rejeição à rotina diária, sentimento de que não está fazendo nada de importante se não estiver conectado. Nada que é comum motiva e encanta.
- Aversão à solidão. Aversão a ficar só, se interiorizar, se procurar.

Os primeiros sete sintomas são comuns às diversas crises ansiosas, como TAG (transtorno de ansiedade generalizada), TOC (transtorno obsessivo-compulsivo), Síndrome de Burnout e Síndrome do Pensamento Acelerado. Mas os últimos cinco são característicos da síndrome da ansiedade digital. Vale notar que milhões de crianças não estão dormindo adequadamente, sem que os pais saibam, porque o comprimento de onda azul das telas dos aparelhos digitais diminui os níveis de melatonina, uma molécula que desencadeia e estabiliza o sono. Isso é gravíssimo. Você pode ter devedores ao longo da sua vida que irão cobrar a sua dívida, mas ninguém cobrará uma fatura tão cara como a insônia ou um sono de má qualidade.

A fonte desencadeante e intensificadora de muitas doenças mentais se chama insônia. Tudo piora com ela, inclusive as doenças psicossomáticas. Quem não dorme tem de praticar exercícios físicos para liberar endorfina, tem de treinar técnicas de gestão da emoção, tem de desacelerar a mente e superar seus conflitos. E, se com tudo isso ainda não dormir, deve procurar um médico, de preferência um psiquiatra. Insônias brandas podem melhorar muito com a psicoterapia, com a intervenção de um psicólogo. Mas alerto: a insônia rebelde, que dura dias ou semanas, é muito perigosa. A grande maioria das crises ansiosas, crises depressivas graves ou tentativas de suicídios é precedida por insônia acumulativa.

Mentes saturadas de informações geram emoções agitadas

Um garoto de 10 anos hoje tem mais informações, devido à conexão contínua com a internet, do que John Kennedy quando presidia os EUA no auge da Guerra Fria. O resultado é não apenas a Síndrome do Pensamento Acelerado (SPA) – capitaneada pelos sete primeiros sintomas citados, somados a uma mente hiperpensante, déficit de concentração, dificuldade de conviver com pessoas lentas e déficit de memória –, mas também a síndrome da ansiedade digital, que, como vimos, toca no ponto central da aversão ao tédio e à solidão, bem como na falta de sentido da vida e nas necessidades ansiosas de ser o centro das atenções sociais e de se comparar de diversas formas com seus pares. Não é sem razão que muitos influenciadores digitais com elevado sucesso acabam desabando emocionalmente. Alteraram o ciclo da dopamina e serotonina.

Um recado particular e seriíssimo aos influenciadores. Você pode ser um influenciador nas mais diversas redes sociais, mas deve saber que a ansiedade digital está espreitando para aprisioná-lo. Ajuda muito sua proteção emocional se você não viver em função dos *likes* e números de interações, nem terceirizar sua saúde mental às críticas e aos *haters*. Também pode contribuir saber que você é um simples mortal e que sua função principal não é ter o máximo de visualizações, e sim contribuir com a humanidade. Mas esteja alerta.

Quem vive "no" e "do" mundo digital deve saber que o problema não é se vai ou não adoecer ou se intoxicar, mas quando vai adoecer e com que intensidade vai se intoxicar. Seria muito importante fazer paradas estratégicas. Ter um ou dois meses sabáticos anualmente. Ou um ano inteiro de interrupção a cada cinco anos. "Mas eu vou perder milhões de seguidores!" E daí? Teste se seu conteúdo tem relevância social. Se você perder seguidores, pelo menos não se perderá. Pois de que adianta ser o mais notável influenciador num cemitério? Muitos dos que o aplaudem ou curtem hoje, em uma semana o esquecerão.

Pobre inteligência artificial comparada à sofisticada mente humana

Pensar não é apenas uma opção do *Homo sapiens*, mas também uma inevitabilidade. Se o Eu, que é o líder da mente humana, o agente da autonomia e capacidade de escolhas, não ler a memória conscientemente e produzir pensamentos numa direção lógica, haverá quatro copilotos do Eu (Gatilho da memória, Janelas, Âncora emocional e Autofluxo) que lerão a memória e produzirão pensamentos e emoções sem a sua autorização consciente. Nunca ficou impressionado por sua mente ser uma fábrica ininterrupta de pensamentos? Pensamos coisas que nos deixam perplexos, a ponto de indagarmos "como surgiu isto em minha mente?". Você não pensa apenas porque o deseja, mas porque há uma fluidez construtiva surpreendente dos fenômenos inconscientes na sua mente e na minha mente.

Tem gente que me diz, ao ver minha explanação sobre o psiquismo: "Dr. Cury, eu não imaginava que eu era tão complicado e complexo desse jeito". Eu respondo: "eu também não". Somos todos intelectualmente muitíssimo complexos e sofisticadamente complicados. Cada pensamento é construído e desconstruído num processo contínuo e inevitável. Do mesmo modo, embora num ritmo mais lento, a emoção está num contínuo estado construtivo. Por isso, uma das maiores tolices da psicologia, que é comum falarmos, é que uma pessoa tem de ser equilibrada. A mente nunca é equilibrada, caso contrário, interromperia seu fluxo. Reitero, nossa psique vive num processo inevitável de construção e desconstrução e reconstrução. Para se descontruir, tem de haver desequilíbrio. O que não é saudável é uma pessoa excessivamente descontrolada, hiper-reativa, instável. Por exemplo, de manhã está tranquila, na hora do almoço está irritada, à tarde ninguém a suporta e à noite nem ela se aguenta.

À medida que o Eu se forma, a criança começa a interagir e construir pontes usando dois grandes tipos de pensamentos conscientes: o dialético, que copia os símbolos da língua e que é o pensamento mais lógico e operacional; e o antidialético, que é o pensamento imaginário, difícil de controlar pelo Eu e que desobedece às matrizes da linguagem fonética ou dos sinais. Uma pergunta: antes de entrar na escola, uma criança pergunta muito ou pouco? Muito, sabemos! Por quê? Porque a curiosidade, a capacidade de exploração, a busca pelo prazer não dependem do Eu, mas do fluxo da construção de pensamentos.

Mas que tipo de pensamento a criança usa para fomentar as perguntas, seu potencial exploratório? O pensamento dialético ou antidialético? O antidialético. Antes de entrar na escola, as crianças perguntam muito, pois libertam sua imaginação, mas, com o passar do tempo, a escola asfixia o pensamento antidialético, e a consequência nefasta é que elas perguntam cada vez menos. Assim, aprisionam os questionadores e morrem os pensadores.

Na universidade, a maioria dos alunos é calada, quando deveria haver um grande debate de ideias. Preciso provocar meus alunos do programa de mestrado e doutorado da USP. São jovens fascinantes, mas perderam a ousadia por culpa do sistema educacional, que usa uma pedagogia atroz e insana para educar. Educar não é ensinar a resposta, mas provocar a pergunta. As escolas retiram o oxigênio da arte de perguntar com seu sistema cartesiano, e neste século surgiu o mundo digital, que sepultou a arte de questionar. Jovens e adultos, com as devidas exceções, tornam-se consumidores passivos do mundo digital, raramente questionando o que veem ou ouvem.

Outra pergunta: sofrer pelo futuro é um pensamento complexo? Muito, pois você antecipa no imaginário um futuro inexistente. Você acha que um robô dotado de inteligência artificial (IA), por mais avançada que seja, sofrerá pelo futuro ou desenvolverá sentimento de culpa um dia? Nunca! Todos estão fascinados com a inteligência artificial, mas nenhuma IA, nenhum robô sentirá solidão ou ansiedade, nem experimentará autopunição ou autocobrança, tampouco pensará em propósito de vida ou terá ideias de suicídio. São atributos do sistema mental "antilinguagem antidialética" mesclado com a emocionalidade. A IA, ainda que o ChatGPT tenha mil gerações e ganhe singularidade e passe mil vezes no teste de Turing (em que você não descobre se é um humano ou um robô), só terá o pensamento dialético como sua linguagem, embora rapidíssimo, sofisticadíssimo e com uma capacidade de organização de dados e resposta muito melhor que a nossa. A IA não tem e nunca terá o pensamento imaginário, fruto da antilinguagem, muito menos a emocionalidade para poder sentir o espetáculo inenarrável do amor ou produzir a mais simples saudade.

Os pensamentos antidialéticos têm um poder de arrastar nossas emoções maior do que o poder dos pensamentos dialéticos. Você pensa dialeticamente "eu quero ser tranquilo", e não é fácil alcançar a tranquilidade; mas você imagina "amanhã tenho um problema para resolver" e já aumentam os níveis de tensão, podendo até lhe dar um frio no abdome. Por isso, raramente as técnicas de motivação funcionam, e por isso também o inferno emocional está cheio de pessoas bem-intencionadas, mas que não aprenderam a gerir minimamente a sua mente. Tenho muito a dizer sobre esse tema, mas ficará para a obra *O fim da inteligência emocional e o começo da gestão da emoção*.

Um alerta máximo. Lembrem-se de que pensar não é apenas uma opção do Eu, mas um processo inevitável, pois os fenômenos inconscientes, que são atores coadjuvantes do Eu, estão superativos e produzirão pensamentos. Por exemplo, enquanto você me lê, o gatilho mental está sendo disparado em nuvens (primeiro fenômeno), abrindo milhares de janelas (segundo), a âncora emocional está se fixando e gerando foco e concentração (terceiro), e o autofluxo (quarto) está lendo e relendo as janelas abertas dentro do foco da âncora. Quando lemos livros, dirigimos veículos ou experimentamos interiorizações espontâneas, o Eu frequentemente está pouco ativo. Já teve essa experiência de andar quilômetros numa estrada e de repente seu Eu despertar e perguntar "como cheguei até aqui?"? Foi por meio dos copilotos.

Quando as janelas abertas pelo gatilho mental, seja por meio de um estímulo intrapsíquico (por exemplo, um pensamento perturbador) ou social (uma ofensa), forem traumáticas, isso gerará um hiperfoco; consequentemente, produzirá reações fóbicas, ou desproporcionais, ou agressivas, ou tímidas. O Eu tem de entrar em ação e dar um choque de lucidez para abrir a janela e reciclar emoções e pensamentos estressantes. Mas raramente alguém faz a higiene mental. Nesse caso, o biógrafo do cérebro, de forma implacável, vai arquivando e poluindo o córtex cerebral. Estou estressado, mas não sei por quê? Estou deprimido, mas não tenho motivo? Meu coração está acelerado e estou com falta de ar, mas não entendo o motivo, acho que é a vacina? A vacina contra a Covid-19 virou desculpa para tudo, ainda que se possam descobrir efeitos colaterais. O sujeito não toma um banho mental por mês ou por ano, não toma uma ducha emocional durante toda a vida, e ainda não quer ter uma mente contaminada, ansiosa.

> O Eu dirige e constrói com mais facilidade o pensamento dialético, linguístico e lógico. Mas ele tem mais dificuldades para gerir o pensamento antidialético ou imaginário. Esse é um paradoxo central, um conflito fundamental, do *Homo sapiens*.

Você pode construir milhares de pensamentos sobre teses acadêmicas, metas de trabalho, economia, esportes, política, pois são pensamentos dialéticos, facilmente manipuláveis, mas não consegue impedir com facilidade o sofrimento por antecipação ou uma preocupação que assalta sua tranquilidade, pois são antidialéticos, difíceis de serem dissipados.

Você dirige máquinas, empresas, cidades, estados, mas terá de ter treino e humildade para dirigir o veículo mental. Não é sem razão que muitos médicos, advogados, executivos, educadores são mestres no trabalho, mas vivem um inferno dentro de casa, regado a atritos, discussões por bobagens, críticas intermináveis, tom de voz alterado, lágrimas. Têm a necessidade neurótica de mudar o outro.

Entretanto, apesar de todas as limitações do Eu para gerir o pensamento antidialético ou imaginário no hiperfoco, se ele não der um choque de lucidez em sua produção e libertá-lo para produzir sonhos, projetos de vida, empatia e relações saudáveis, será dominado por fantasmas mentais (incluindo autopunição, medo do futuro, chantagens, sentenciamento atroz de quem ama, aversão ao tédio e à solidão: "Não tem nada para fazer nesta casa").

> Todos nós acumulamos lixos mentais e produzimos "loucuras" em nossas mentes, mas ter um Eu espectador passivo que não duvida de tudo que nos controla, que não impugna nosso conformismo e coitadismo (pena de si mesmo), que não confronta nosso criticismo, que não recicla nossa incontrolável capacidade de apontar falhas e não distribuir elogios, é ser um cruel inimigo da sua saúde emocional, da sua família e da sua empresa.

PARA SEMPRE LEMBRAR:

Um recado particular aos jovens e especialmente aos influenciadores. Você pode ser um influenciador nas mais diversas redes sociais, mas deve saber que a ansiedade digital está espreitando para aprisioná-lo. Ajuda muito sua proteção emocional se você não viver em função dos likes *e números de interações, nem terceirizar sua saúde mental às críticas e aos* haters. *Também pode contribuir saber que você é um simples mortal e que sua função principal não é ter o máximo de visualizações, e sim contribuir com a humanidade. Mas esteja alerta. Quem vive "no" e "do" mundo digital deve saber que o problema não é se vai ou não adoecer ou se intoxicar, mas quando vai adoecer e com que intensidade vai se intoxicar. Seria muito importante fazer paradas estratégicas. Ter um ou dois meses sabáticos anualmente. Ou um ano inteiro de interrupção a cada cinco anos. "Mas eu vou perder milhões de seguidores!" E daí? Teste se seu conteúdo tem relevância social, se contribui com a humanidade. Se você perder seguidores, pelo menos não se perderá. Pois de que adianta ser o mais notável influenciador num cemitério? Muitos dos que o aplaudem ou curtem hoje em uma semana o esquecerão. Não se autoabandone. Procure por você.*

6

O impacto não tão invisível na vida fora das telas

A última fronteira da mente

Por que não canso de dizer que considero o processo de construção de pensamentos a última fronteira científica? Porque tudo é pensamento. Toda ciência, toda criatividade, toda intelectualidade, toda emocionalidade e todas as relações sociais são tecidas com pensamentos. Não conseguimos sequer amar ou odiar sem os pensamentos, caso contrário não identificamos as pessoas, o objeto do amor ou do ódio. Sem entrar em detalhes, percebi claramente que a construção de pensamentos tem de ser branda para gerar a evolução saudável da personalidade e patrocinar a construção de habilidades como a empatia, a generosidade, a capacidade de pensar antes de reagir, a autonomia, a responsabilidade social e milhares de outras.

> Um computador de 5 anos é velho, um jovem de 20 anos é imaturo.

Você transfere milhões de dados por segundos para um computador, mas para um ser humano conquistar a capacidade de autocontrole ou de se colocar no lugar dos outros demora dez, vinte ou mais anos. E há milhões de pessoas que envelhecem e nunca aprenderam minimamente essas habilidades socioemocionais.

Quando a construção de pensamentos se acelera freneticamente, ela pode gerar uma ansiedade, a SPA, que asfixia a saúde mental. Muito antes de escrever a primeira obra sobre o tema, notei que, na atualidade, uma criança de 7 anos de idade recebe mais informações do que líderes mundiais no passado, como imperadores romanos. Percebi que essa avalanche de dados não é suportável para o cérebro humano, pois hiperexcita fenômenos inconscientes que leem a memória sem a autorização do Eu. Você pensa apenas o que você realmente quer pensar? Todos respondem que não. Nossa mente é de uma complexidade sem precedente, muito maior do que imaginaram os grandes teóricos, como Freud, Jung, Adler, Bion, Allport, Curt Lewin, Piaget, Spencer e Eric Fromm. A construção de pensamentos é multifocal, multiangular e multifatorial. Não é gerada apenas pelo Eu.

Dessa forma, nossa mente não é como a IA (inteligência artificial), que é sempre unidirecional e, portanto, dotada de alguns fenômenos específicos, como grande volume de dados, resgate de informações, automação e alta velocidade de resposta. Muitos de nós gostariam de se lembrar de tudo que armazenaram, mas a memória humana não é uma especialista em lembrança pura. Pergunte aos professores, do ocidente ao oriente, se eles lembram exatamente quais pensamentos produziram ontem no almoço. Eles dirão que não. Mas desafie-os a recriarem o que pensaram. Todos eles trarão inúmeros pensamentos, mas não exatamente os que produziram na ocasião. Se não se lembram do que pensaram há 24 horas, como os educadores têm a coragem de exigir que seus alunos se lembrem nas provas do que aprenderam há dois meses? As provas escolares são cruéis.

> Muitos alunos com potencial para a genialidade foram eliminados por não conseguirem se adaptar aos currículos fechados e aos exames insanos.

Tenho pensado e estudado muito sobre quais ferramentas deveríamos usar para refundar a educação cartesiana, racionalista, conteudista. A School of Thinkers (Escola de Pensadores) é algo que venho idealizando há mais de vinte anos. Nas bases dessa nova escola, os professores deixam de ser expositores frios de dados e se tornam provocadores da arte de duvidar, desafiadores da arte de pensar e elogiadores da arte de participar. As provas bimestrais são substituídas por microprovas diárias. As experiências que fizemos têm sido muito animadoras. Na antiga escola, os professores são cozinheiros do conhecimento que preparam os alimentos para uma plateia sem apetite, são maestros que tocam uma sinfonia que raros querem ouvir. Nessa antiga escola, a hiperaceleração de pensamentos se expande e os níveis de ansiedade só aumentam. Mas, na School of Thinkers, os alunos já não são meros espectadores passivos;

passam a ser cozinheiros coadjuvantes que também preparam o nutriente do conhecimento, músicos que se juntam para tocar instrumentos musicais com as próprias habilidades cognitivas. Isso desacelera a ansiedade, levando-os a recuperar o prazer de aprender. Nos nossos experimentos, inclusive, muitos começaram a aplaudir os professores quando saem da classe. Um dia comentarei mais sobre a School of Thinkers.

A escola atual quer que os alunos se comportem como máquinas, mas esquecem que, por ser unidirecional e sem emocionalidade, a IA jamais terá motivação, dúvidas, segurança, tranquilidade, expectativa, curiosidade, prazer, capacidade de contemplar o belo.

> O ser humano é fascinante e, se ignorarmos isso, nos tornaremos escravos de estímulos programados.

Se o nosso Eu não educar sua capacidade de olhar multifocalmente, contemplar o belo e gerenciar a ansiedade doentia e as expectativas, não apenas podemos ser mendigos emocionais, mas imaturos intelectualmente e envelhecidos emocionalmente.

Os sinais do mal do milênio

Certa vez uma senhora de 82 anos veio ao meu consultório. Ela dizia que não suportava o marido e queria se separar dele. Se alguém perguntasse a ela há quanto tempo estava casada, ela responderia que havia mais de cinquenta anos. Se insistissem, questionando por que não havia se separado em todo aquele tempo, ela desistiria da conversa, porque tinha tentado a separação diversas vezes, mas não era tão simples. É necessário entender que as pessoas não se viciam apenas em drogas, mas também em atritos e discussões. Você conhece pessoas que brigaram a vida toda e não se separaram? É bem provável que sim. Que estratégia usei para conquistar aquela senhora depressiva, pessimista, criticista? Não toquei no seu conflito inicialmente. Disse que queria conhecer seus sonhos e as aventuras que ela tinha vivido. Falei que estava honrado em ouvi-la. Ela se surpreendeu e começou a se abrir. Nas próximas sessões, vinha mais arrumada e amava conversar comigo. Dessa forma, pude tocar mais profundamente em seus conflitos, levá-la a explorar sua história e questionar as distorções das suas interpretações. Três meses depois ela estava dançando com o marido na sala de casa como dois adolescentes. Para mim, sessões de terapia sempre foram bilhetes de passagem para os pacientes viajarem para dentro de si mesmos.

No mundo digital, as sociedades modernas se converteram num espetáculo a céu aberto. O esporte, a música, a literatura, as redes sociais, o rádio, a TV aberta, os streamings estão disponíveis inclusive para os que menos têm recursos financeiros. Era para as crianças, adolescentes e adultos acordarem cantarolando, relaxadas, tranquilas.

> Mas estamos diante da geração mais triste que pisou nesta terra, faminta de reconhecimentos, de apoios, de aplausos, de *likes*! Há uma fome emocional insaciável.

Já se perguntou por que houve uma explosão de pessoas que não querem nem estudar nem trabalhar? Somente no Brasil, há mais de 8 milhões "nem-nem"!

Muitos jovens abandonaram a si mesmos. Não têm perspectivas, não têm sonhos, não têm grandes motivos para viver! Há inúmeras formas de nutrir sonhos, praticar a gestão da emoção e cultivar a capacidade de se reinventar, ousar e inovar. Quem sonha sem riscos vence sem glórias! Mas os jovens dependem do sistema governamental, são controlados pelas intempéries sociais e se deparam com a falta de oportunidade. Se nosso Eu não é líder de si mesmo, não é piloto da aeronave mental, se ele não dirige nosso *script*, nada nos retira do nosso lugar. Nem mesmo tristeza, nem mesmo desespero, nem mesmo drama.

> A ansiedade digital está amordaçando grande parte da humanidade sem que percebamos!

O mal do milênio provocou um fenômeno de psicoadaptação em que nos tornamos indiferentes, inclusive a nós mesmos. Tudo parece normal, mesmo quando é anormal e doentio.

Uma pessoa psicologicamente rica faz muito das pequenas coisas: contempla o belo, abraça mais e julga menos, elogia muito e critica pouco, não terceiriza sua saúde mental em função da crítica dos outros. Parece incrível, não é?

Na década de 50 do século passado, vivia-se em torno de 45 a 50 anos de idade, mas o tempo emocional era dilatado, passava lentamente; havia espaço para dialogar, festejar pequenos acontecimentos. Hoje, entre a meninice e a velhice, são alguns instantes. O tempo emocional não é o mesmo que o tempo físico. Se nos intoxicamos digitalmente, aceleramos a construção de pensamentos, expandimos as expectativas e corremos com tudo, asfixiamos o tempo, ficamos sem energia para uma mente livre e saudável. Os dias, os meses e os anos voam e, de repente, percebemos rugas na face: a vida passou tão rápida quanto imperceptivelmente. O ativo mais caro no mercado é aquele que é importante, mas escasso.

> Nosso maior ativo é o tempo, raro, importantíssimo, mas escasso.

Todavia, na era digital, parece que queremos matar nosso maior ativo. Queremos apressar tudo. Ficamos estressados se a internet não conecta, o celular não liga, as pessoas não retornam nossas mensagens.

Dilatar o tempo emocional, fazer muito do pouco, é uma das principais responsabilidades de um ser humano. Pelo que sabemos, em meio a mais de 10 bilhões de espécies, somos a única que pensa e tem consciência. Mas utilizamos o processo de construção de pensamentos de forma irresponsável. Deixamos as raias da ansiedade saudável, que promove a curiosidade, o desejo de explorar o desconhecido e realizar uma jornada existencial fascinante e que vale a pena ser vivida, para viver uma ansiedade caótica, furtiva, asfixiante. Mesmo com um mundo à disposição, milhões de crianças, pré-adolescentes e jovens gritam: não tem nada para fazer! São mendigos emocionais clamando pelo pão da alegria sem saber cozinhá-lo. Enquanto isso, os adultos procuram a inteligência emocional para se resolver, sem saber que, em tese, não há inteligência emocional.

A emoção interfere no desempenho, nas habilidades, na produtividade e nas doenças, mas ela é inconsciente, não produz pensamento, não tem autocrítica. Portanto não pode ser inteligente e autogerida. Ela sempre será um eterno bebê no teatro psíquico; nunca terá maturidade emocional por si mesma.

> A emoção precisa de um choque de gestão, e o único ator que pode e deve gerir a emoção é o Eu.

Conectados, mas sozinhos

A ansiedade digital cria uma ilusão de conexão. Temos contato constante com diversas pessoas, mas é um contato raso, sem substância. Temos muitos "amigos", porém pouco vínculo real. Isso provoca uma imensa solidão em meio à hiperconectividade.

As relações presenciais são substituídas por interações digitais, e as consequências são terríveis. É só olhar para como estão os jovens hoje em dia. Preferem conversar por mensagem em vez de falar ao vivo. Têm dificuldade de lidar com silêncios, pausas e vulnerabilidade real. Sentem um medo do desconforto dos encontros físicos. Eles não suportam o olho no olho, a pausa, o toque. Têm dificuldade de manter conversas profundas. Há uma perda da escuta ativa e da presença. É um empobrecimento sem precedentes das habilidades sociais!

Nisso, vemos um aumento da ansiedade, da depressão. A autoestima fica fragilizada pela comparação constante com os outros. Estamos todos acometidos por um cansaço emocional. E qual seria a solução para tudo isso?

> Devemos tirar os olhos das telas e olhar para dentro de nós mesmos.

O que está faltando dentro de mim que eu estou tentando encontrar no digital? Por que preciso gastar meu tempo, meu mais precioso bem, em conexões rasas e distantes? Apenas o Eu pode tomar as rédeas para nos tirar desse ciclo.

Também é necessário se colocar novamente no mundo. Valorizar encontros reais, vínculos presenciais, mesmo que de início pareça desconfortável.

No mundo de hoje, é impossível sair completamente do mundo digital, mas não podemos deixar que ele nos controle.

Escravizados pelo vício

O mesmo vazio que nos afasta das relações reais pode nos empurrar para vícios silenciosos. A ausência de contato com o outro também gera a ausência de sentido.

Vemos nas redes sociais o sucesso do outro e sentimos inveja. O que não levamos em consideração é que, nas redes, as pessoas apenas mostram as partes boas de suas vidas. Ficamos chateados, nos perguntando por que não temos aquele mesmo sucesso.

Muitos caem no erro de ir atrás de modas passageiras. Uma que tem sido um constante problema é a de jogos de aposta digitais. Anúncios em todas as redes, influenciadores mostrando vitórias fáceis, indicações de amigos, promessas. Há muitas maneiras de ter o primeiro contato com esse mundo. Os aplicativos têm uma estética lúdica, inofensiva, e, à primeira vista, parece que não pode causar tanto dano. É muito fácil entrar nesse caminho, mas muito difícil sair.

Muito pode ser explicado pelo ciclo dopaminérgico do ganho fácil. O cérebro reage de forma intensa ao quase ganhar. Esse tipo de recompensa intermitente é o que prende as pessoas ao jogo. Há uma sensação ilusória de controle, pois o jogador sempre acredita que o próximo clique pode mudar tudo, mesmo que esteja perdendo dinheiro.

> A dopamina não vem só do ganhar, mas da esperança de ganhar.

Os efeitos desse vício no Eu são muito tristes. A pessoa passa a sentir uma culpa extrema por perder dinheiro, tempo e energia. A autoestima fica destruída e há uma sensação de fracasso pessoal. É muito comum que a pessoa se isole cada vez mais, por vergonha de admitir o vício. A pior parte é que, mesmo que tenha consciência, a pessoa não consegue escapar.

O vício é uma doença mental, e esses jogos de aposta estão brincando com a vida das pessoas. São feitos com engenharia emocional: rápidos, divertidos, dinâmicos, recompensadores. Eles mexem com a dopamina e se encaixam perfeitamente na lógica digital do prazer imediato. É por isso que funcionam tão bem!

Por conta desse vício, muitos estão entrando no fundo do poço emocional e procurando saídas extremas. Há casos reais de divórcio, quebra familiar, endividamento e até mesmo suicídio.

Onde vamos parar como sociedade? De que forma podemos impedir que mais e mais pessoas caiam nesse buraco? E como podemos resgatar as que já estão acometidas por essa doença?

Aqui entra de novo a importância da educação. É preciso ensinar desde cedo sobre risco, limite, frustração.

> Os alunos devem aprender a pensar, a questionar, refletir. É nossa primeira barreira para colocar limites em como o mundo digital pode nos afetar.

É também importante lembrar que o vício não é apenas uma falta de controle. É uma ferida emocional real. Assim, deve ser tratado como doença. Ir atrás de ajuda médica é imprescindível.

Desaprendemos a amar?

Quando penso em como as pessoas têm se relacionado umas com as outras diante da ansiedade digital, me preocupo seriamente.

A começar por nossos jovens. Muitos, especialmente os meninos, têm seu primeiro contato com sexo via pornografia, pois, no mundo digital, o acesso a esse tipo de conteúdo é fácil e rápido. O contato com esse novo universo deveria ser feito a partir de conversas, afeto, experiência real! A pornografia condiciona o olhar para o corpo, cria uma objetificação do outro. Além de proporcionar expectativas irreais de desempenho, o que pode provocar problemas na autoestima e dificultar a construção de uma intimidade real. Nesse tipo de mídia, o foco é o ato, não a conexão.

De forma geral, as relações no mundo digital são mais transacionais. O outro vira um serviço emocional ou físico, e não uma pessoa inteira. A empatia para de ser trabalhada. Mais uma vez, há uma redução da paciência: tudo precisa ser rápido, intenso; se não for, descarta-se. Há mais exposição, mas menos profundidade. As relações são performáticas, expostas para um público fiel, mas na prática são vazias.

A superficialidade fica evidente em aplicativos de namoro. É como um grande catálogo! As pessoas já não se interessam pelo indivíduo completo, mas pelas fotos exibidas.

> A profundidade do vínculo foi substituída pela praticidade do descarte.

Já não é necessário conhecer e compreender a outra pessoa. Se não se agrada com algum mínimo aspecto, basta deslizar para o próximo. Você não precisa lidar com frustração, tempo, silêncio, dúvida, coisas essenciais em um relacionamento natural. Ainda que a conversa saia da tela para um encontro real, sempre há a possibilidade de voltar para o aplicativo, que parece ter sido programado para um retorno contínuo do usuário.

O resultado é que muitos jovens passam a confundir desejo imediato com carinho, validação com afeto, resposta sexual com sentimento. Isso desestabiliza relações: frustrações naturais viram crises, cobranças e inseguranças.

Dessa maneira, as relações ficam adoecidas. Nas redes sociais, há gatilhos contínuos para ciúme e controle. As constantes postagens viram um inferno mental para quem é inseguro ou ansioso. Muitas vezes o controle entra como tentativa de contornar essa insegurança. Os casais passam a se proibir, a conferir e vigiar constantemente o que o outro está fazendo na internet. A soma de intimidade distorcida, insegurança, frustração e ciúme exacerbado vira combustível para explosões emocionais.

> A arquitetura das redes sociais favorece o caos. Tudo é feito para provocar reações: curtidas, comentários, notificações.

O ambiente digital estimula a comparação, o exibicionismo, a desconfiança. Isso transforma até mesmo relações boas em campos minados.

Esse ciclo de baixa tolerância à frustração, sensação de posse e falta de repertório emocional dá origem a inúmeros casos de violência física e psicológica! É o mais puro sinal de que algo está seriamente errado!

É necessário olhar para nossas relações de maneira mais profunda e cuidar para que não nos deixemos cair na tentação digital desse ciclo.

PARA SEMPRE LEMBRAR:

A ansiedade digital está amordaçando grande parte da humanidade sem que percebamos!

O mal do milênio provocou um fenômeno de psicoadaptação em que nos tornamos indiferentes, inclusive a nós mesmos. Tudo parece normal, mesmo quando é anormal e doentio.

Nosso maior ativo é o tempo, raro, importantíssimo, mas escasso.

Mas, na era digital, parece que queremos matar nosso maior ativo. Queremos apressar tudo. Ficamos estressados se a internet não conecta, se o celular não liga, se as pessoas não retornam nossas mensagens.

Dilatar o tempo emocional, fazer muito do pouco, é uma das principais responsabilidades de um ser humano.

7

Ansiedade digital: o que fizeram conosco e com nossos filhos?

Fomos traídos pela tecnologia: o autofluxo e as janelas da memória

Esperávamos no século XXI, o século da ciência, termos a juventude mais pensadora e inovadora, mas estamos diante da geração mais repetidora de dados e mais engessada mentalmente. Esperávamos, no século da psiquiatria e da psicologia, termos a juventude mais saudável e tranquila, mas estamos diante da geração mais doente, ansiosa e depressiva de todas. Esperávamos, diante da mais poderosa indústria do lazer, capitaneada pelo cinema, séries de TV, parques de diversão, esportes, música, videogames, redes sociais, termos a geração mais feliz de todos os tempos, mas estamos diante da geração de crianças, adolescentes, pais e professores que mendigam o pão da alegria. Esperávamos ter a geração que mais vivesse o sabor dos ideais da

Revolução Francesa, a igualdade, a liberdade e a fraternidade, mas estamos diante de uma geração que viveu a revolução digital e se tornou a mais desigual, mais encarcerada mentalmente e mais radical e destituída de empatia.

O que fizeram com nossos filhos e seus pais? O que introduziram na mente dos alunos e seus professores? Por que as empresas estão doentes, com colaboradores estressados, com uma mente agitada, impacientes com os lentos e com baixa resiliência, passíveis de crise emocional diante de pequenas contrariedades? Já observaram como as pessoas "explodem" por pequenos estresses, chegando a abandonar empregos, namorada e até a família?

As janelas da memória ou arquivos mentais contêm os segredos da colcha de retalhos da sofisticadíssima personalidade. Temos 86 bilhões de neurônios no cérebro, e cada um deles tem, no mínimo, 10 mil interconexões entre si, o que nos leva à cifra gigantesca de quase 860 trilhões ou mais de interconexões. As janelas estão por todo o tecido cerebral, com destaque para a massa cinzenta, no córtex cerebral. Como sou especialista nos processos mentais, não me aterei muito às estruturas cerebrais (lobo frontal, temporal, occipital, sistema límbico etc.), pois são mais lógicos e, em certo sentido, mais simples, a não ser em nível molecular, atômico e subatômico.

Os processos mentais que ocorrem nas tramas e interconectores neuronais são complexíssimos. Muito provavelmente o registro de informações lógicas, experiências existenciais, experiências emocionais, pensamentos e ideias é arquivado em muitos lócus e de forma atômica multimodal. Quando você recorda uma crise, quando um casal recorda seu divórcio ou uma mãe recorda a perda do filho, a recordação não traz todos os elementos do ato existencial. Caso contrário, paralisaríamos nossas vidas no momento da dor. Mas reconstruímos a perda, e, ao reconstruí-la, vamos dando novas cores e sabores ao processo de interpretação.

O que você falou na mesa do almoço de ontem e o que comeu? Você recordará algumas coisas, mas não a maioria. Mas, se eu o estimulasse a criar, provavelmente construiria muitas ideias sobre seus pensamentos e seus alimentos. Milhares de educadores, coordenadores pedagógicos e mantenedores de escolas e de universidades participam de meus treinamentos de gestão da emoção, do processo de aprendizado, do processo de formação do Eu e de construção de pensamentos. Procuro dar-lhes um choque intelectual dizendo: se vocês não se lembram do que aconteceu há 24 horas, como têm coragem de exigir que seus alunos se lembrem nas provas? Recordar não é lembrar, mas reconstruir. Uma das maiores atrocidades que o sistema educacional, incluindo os ministérios da educação dos mais diversos países, fez com os alunos, destruindo milhares de pensadores ou gênios pelo caminho, foi exigir uma habilidade que a memória nunca teve: lembrança pura nas provas.

Analisar a ousadia, o raciocínio esquemático, a riqueza do pensamento antidialético/imaginação, as teses de inovação e o processo de interação em sala de aula são parâmetros fundamentais. É possível dar nota máxima para um "rebelde" que errou todos os dados. E, cuidado, ele poderá contribuir mais para a humanidade do que mil alunos mentalmente encarcerados pelo sistema. No final desta obra, vou contar minha história escolar passada; não minha glória, notas altíssimas, genialidade, títulos, mas meu caos, meu drama, minhas lágrimas, e como me reinventei e não me curvei aos que não apostavam em mim, fossem professores, fossem meus colegas.

Prefiro chamar os lócus da memória de janelas, e não de arquivos, porque, ao descrevê-las, entendi que não são meros registros, como nos chips dos computadores, mas lócus multifocais, com milhares ou milhões de dados e um sistema de relações que são responsáveis pelo que somos, o que vemos, como reagimos e o que interpretamos. Por exemplo, alguém o criticou. Você não resgata somente arquivos específicos para entender uma crítica específica, produzida por uma pessoa específica e num tempo específico. A leitura da memória, além de ser rapidíssima, imperceptível à consciência, tem resgate multiangular; há RPSd (representações psicossomáticas diretivas – que contêm o fato) e RPSa (representações psicossomáticas associadas – que contêm fatos associados). Por isso, ao interpretar a crítica, você pode se exasperar e ter ataques de ansiedade não pela crítica do presente, mas por inúmeras outras críticas feitas, e não pelo agente criticador do presente, mas pelos agentes criticadores do passado.

> Muitos casais, pais e filhos, professores e alunos atritam e discutem não por causa dos comportamentos do presente, mas porque não reciclaram o lixo do passado, como mágoas e frustrações. Não entenderam que são imperfeitos, vivendo com pessoas imperfeitas.

Pessoas podem ser violentas se tiveram um passado violento. O resgate da memória arrasta as loucuras que viveram do passado, e não o estresse do presente. Psiquiatras e psicólogos muitas vezes pensam que estão interpretando seus pacientes e interagindo com eles, mas, se o Eu deles não se treinar a esvaziar seu ego e a impulsividade interpretativa, estarão interpretando mais a si mesmos e falando de si mesmos do que de seus pacientes. Nesse caso, o paciente paga a consulta ou a sessão para que o próprio psiquiatra ou psicoterapeuta se "trate".

Existem três tipos de janelas de memória:

- **Neutras**: correspondem a mais de 90% de todas as áreas da memória. Contêm bilhões de informações sem conteúdo emocional, tais como números, endereços, telefones, conhecimento escolar e profissional, dados corriqueiros.
- **Killer**: correspondem a todas as áreas traumáticas da memória, com conteúdo emocional angustiante, fóbico, tenso, depressivo, compulsivo. Armazenam registros de frustrações, perdas, crises, traições, medos, rejeições, inseguranças, ódio e raiva. "Killer", em inglês, significa "assassino"; essas janelas controlam, amordaçam, asfixiam a liderança do Eu.
- **Light**: correspondem a todas as áreas com conteúdo prazeroso, tranquilizador, sereno, lúcido, coerente. Armazenam registros de experiências e emoções saudáveis, como superação, coragem, sensibilidade, capacidade de se colocar no lugar do outro, de pensar antes de agir, de amar, de se solidarizar, de tolerar. "Light" significa "luz" em inglês; essas janelas iluminam o Eu, alicerçam sua maturidade, lucidez e coerência.

Algumas janelas killers podem ser tão poderosas, como vimos, que se tornam estruturais ou duplo P, ou seja, com duplo poder – de encarcerar o Eu e de expandir a própria janela ou a zona de conflito. As janelas traumáticas duplo P têm grande poder de atração e acessibilidade. Quanto mais o Eu se ancora numa janela desse tipo e recria seus pensamentos angustiantes e emoções asfixiantes, mais ela se expande pela ação do Registro Automático da Memória (fenômeno RAM), o biógrafo do cérebro.

Quando temos uma janela killer solitária comum, pontual ou puntiforme no córtex cerebral, ela não chega a nos adoecer. Porém, quando se forma uma Janela Killer Duplo P, a retroalimentação expande seu núcleo estressante, formando-se uma zona de conflito que expressa espontaneamente uma característica doentia da personalidade. Para que um trauma nos leve a adoecer, ele precisa gerar uma zona de conflito, com milhares de janelas killer ao redor do núcleo doentio.

Toda vez que a âncora emocional se fixa numa janela killer poderosa, gera um hiperfoco, o que nos leva a reagir como animais e expressar a síndrome predador-presa. Na era da ansiedade digital, se a gestão emocional é pobre, consequentemente o nível de tolerância será baixo, a empatia será diminuta, haverá incapacidade de se ver um charme nos defeitos dos outros. Nesse caso, pais podem ser predadores dos seus filhos por pequenas contrariedades, e filhos podem ser predadores de seus pais por pequenas decepções.

> Os apartamentos e casas deixam de ser lares e passam a ser arenas onde, infelizmente, as pessoas que mais se amam se digladiam. Seja honesto, sua residência é um lar ou uma arena?

Não faz muito tempo, mais de 70% de uma plateia de militares de alta patente e depois outra constituída de educadores e psicólogos muito bem preparados levantaram as mãos diante de um questionamento meu, reconhecendo que repetem quatro ou mais vezes a mesma correção para seus filhos ou seu cônjuge. Brinquei: "vocês não têm vergonha, são insuportáveis". Eles deram muitas risadas, mas o caso é de chorar.

A indústria do diagnóstico do espectro autista e a ansiedade digital

O hiperfoco é um problema, pois gera a síndrome predador-presa, mas a ausência de foco é outro grave problema. No hiperfoco, reage-se impulsiva e agressivamente. Na ausência de foco, não se tem concentração, pois a ansiedade digital conduz a âncora emocional a passear em muitas áreas da MUC (memória de uso contínuo), o que impõe déficit cognitivo, déficit de aprendizado e, o que é pior, déficit na utilização das experiências de vida que contêm limites, perdas, frustrações, elogios e apoios, o que leva à infantilização do Eu e à dificuldade de construir pontes sociais. Esses fenômenos deram base para outro problema seriíssimo: a "indústria" do diagnóstico de autismo.

Sem dúvida houve um incremento do autismo, mas a maioria não é autista, são seres humanos que apresentaram déficits psicodinâmicos na construção de pensamentos e formação do Eu, expostos há pouco. As causas do autismo, que é um transtorno com um amplo espectro, ou de crianças cujos comportamentos simulam o autismo, mas não são autistas, são múltiplas. As causas ligadas às próprias crianças são aversão ao tédio, dificuldade de interiorização, déficit de registro de experiências socioemocionais, ansiedade/agitação mental, ansiedade digital, possíveis alterações genético-metabólicas.

Todas essas causas dificultam a atuação do biógrafo do cérebro nas crianças, o fenômeno RAM, e, consequentemente, a formação de milhões de janelas light ou tensas, portanto, com alto conteúdo emocional, que patrocinam a formação do Eu e a sociabilidade. Alguns podem argumentar: mas um bebê ainda não pode estar intoxicado digitalmente. É questionável. Em muitos casos, os pais colocam por minutos diários as telas digitais diante dos filhos, seja para distraí-los um pouco, seja para se aquietarem quando vão mamar ou comer. Aqui mora o risco. O fenômeno RAM registra uma quantidade absurda de alternância de imagens e sons, mas não experiências emocionais intensas que fomentam a socialização, asfixiando a interação. O enfraquecimento da capacidade do biógrafo do cérebro em registrar experiências interpessoais emocionalmente densas aumenta o risco do diagnóstico de autismo, um diagnóstico errado.

Além disso, aqui é uma suspeita: o comprimento de onda azul das telas altera nos bebês os níveis de melatonina, que altera o ritmo do sono, que aumenta os níveis de ansiedade, que dificulta o registro de experiências, que gera os mais diversos tipos e níveis de ensimesmamento ou clausura social. Não são autistas, são crianças e adolescentes que alteraram a dinâmica da emoção e a atuação do biógrafo do córtex cerebral.

Os pais, professores, colaboradores podem estar envolvidos, sem saber, nos casos de uma mente que tem sintomas parecidos com os do espectro autista. Sim! Os níveis de ansiedade, a hiperaceleração de pensamentos (SPA) e a ansiedade digital diminuem a estimulação interpessoal e o déficit de provocação da emocionalidade das crianças e bebês (lembre-se de que a emoção determina a qualidade do registro). Por isso, as técnicas mais poderosas para tratamento do espectro autista ou de crianças que simulam, mas não o são, envolvem a emocionalidade. Dentre elas, sempre usei a TTE: Técnica da Teatralização da Emoção.

Está na minha lista escrever o livro *A história do menino que não pensava*. Um caso gravíssimo de autismo que deu um salto fascinante em seu processo de aprendizado (envolvendo registro na memória, resgate, reorganização dos dados, arquivamento de janelas socioemocionais, utilização de verbos temporal e espacialmente), em seu complexo sistema cognitivo (envolvendo o pensamento dedutivo, indutivo, intuitivo, síntese, raciocínio esquemático, formação do Eu) e em sua sociabilização (autoidentidade, papéis sociais, empatia, altruísmo, solidariedade, resiliência, pensamento nas consequências sociais). Não é o objetivo deste livro, mas, como há muitos casos, vou fazer uma síntese da TTE.

Objetivos da impactante técnica de gestão da emoção TTE

O primeiro grande objetivo da TTE é promover fortemente a emocionalidade; o segundo é provocar o fenômeno RAM com a emocionalidade gerada; e o terceiro notável objetivo é acionar a psicodinâmica dos copilotos do Eu (gatilho, janelas, âncora emocional e autofluxo), que são os fenômenos inconscientes que construirão milhares/milhões de pensamentos e emoções e vão tecendo a colcha de retalhos da personalidade.

Como se faz a TTE? Teatralizando com volume, efusão, solenidade e aplausos cada comportamento saudável do bebê ou da criança, como um momento de calma, um comportamento dócil, uma atitude altruísta, uma ordem obedecida. Deve-se fazer festa por qualquer coisa, mas não prolongadamente. O bebê, a criança ou até mesmo um adolescente autista ou que tem comportamentos que o simulam não vai entender os objetivos complexos envolvidos com a técnica, mas, ao longo das semanas e meses, ela provocará sua emoção, que provocará o biógrafo do cérebro, que provocará os atores coadjuvantes do Eu, que alavancará sua formação, que produzirá pontes sociais, que farão com que eles procurem novos comportamentos saudáveis para conquistar novos aplausos, fechando o ciclo. Não é mágico. O processo é lento, mas em semanas o sol começa a aparecer.

E quando o bebê ou a criança fizer birra, ou um adolescente tiver comportamentos agressivos ou com movimentos ritualísticos, o que fazer? Pais, vocês são incríveis e têm filhos incríveis. Não agridam! Não punam! Nem elevem o tom de voz. Nem passem sermões! Esses comportamentos são esperados. Você deve fazer a TTE ao contrário, agora mostrando teatralmente sua tristeza, sua dor, seu sentimento de que foi machucado. E sair de lado rapidamente, não ser plateia. Lembrem-se: "pais plateia estimulam seus filhos a darem o show da birra", seja com espectro autista ou não.

"Mas a TTE não vai gerar hipersensibilidade?" Sim, mas, se gerar, você acertou na sua prática. É muito mais fácil corrigir a hipersensibilidade do que a insensibilidade. "Mas, no futuro, não pode gerar um sentimento de culpa em meus filhos se eu mostrar minha dor ou decepção com eles?" Pode e deve. A ausência de culpa forma psicopatas, a presença branda forma mentes sociáveis (nosso objetivo), e a presença excessiva forma mentes ansiosas. Equilibre com o tempo a técnica TTE, que eles aprenderão a pensar nas consequências de seus comportamentos e terão uma culpa branda fundamental para exercer seus direitos e deveres sociais. O que me preocupa muitíssimo é que, na era da ansiedade digital, milhões de crianças e adolescentes, que aparentemente não têm grandes conflitos, estão desenvolvendo, em todas as nações "modernas", traços de psicopatia, de insensibilidade, de crueldade, de radicalismo, de despreocupação com a dor dos outros. A técnica de gestão da emoção TTE pode funcionar como uma vacina socioemocional.

O grande risco é os pais cujos filhos são diagnosticados com autismo ou que têm comportamentos semelhantes, ao vê-los melhorarem seu aprendizado, cognição e socialização, interromperem a TTE antes de formar milhões de janelas, com milhares de plataformas de janelas capazes de expressar habilidades socioemocionais. Sinceramente, a interrupção é comum e compromete a evolução da personalidade.

Quantas vezes devemos fazer a TTE por semana? Semana, não – dezenas de vezes por dia. Por quantos anos? Depende, mas pelo menos por três a quatro anos ininterruptamente. Quem deve participar? Todos ao redor: mãe, pai, outros irmãos, avós, professores, colaboradores. Quem mais pratica a Técnica da Teatralização da Emoção? As mães. Elas são únicas. Alguns pais igualmente, mas muitos me deram trabalho, e também não poucos professores. Admiravam a técnica, mas se perdiam em suas atividades, e a faziam esporadicamente.

> A técnica TTE (Técnica da Teatralização da Emoção) deveria ser praticada não apenas com alunos especiais, mas também de forma branda em todas as classes, da pré-escola à pós-graduação, em todas as famílias e em todas as empresas, pois ela forma os pilares centrais da socialização: a empatia e a capacidade de pensar antes de reagir.

Recebi, com muita honra, o título de embaixador da Associação Brasileira dos Amigos dos Autistas, pelos estudos, livros, trabalho na área e treinamento para profissionais de saúde, como médicos e psicólogos, bem como pais e professores. Em primeiro lugar, autismo não é uma doença clássica, mas um transtorno multimodal, multicausal e multiespectral ligado ao déficit de registro de informações e experiências, o que retrai a complexa construção de pensamentos e sociabilidade. Tal déficit de registro, como disse, pode ser melhorado, às vezes muito. Reitero: no mundo todo, há erros sérios no diagnóstico do espectro autista. E, além disso, classificar uma criança ou adolescente como autista por déficit de aprendizado, déficit cognitivo ou de socialização pode rotulá-la a vida toda de forma atroz e abalar completamente os solos da mente dos pais.

Cuidado com os diagnósticos. Eles servem para conduta terapêutica, mas não para encarcerar. No livro *O futuro da humanidade*,[vii] na peça teatral derivada dele e no longa-metragem que se baseará nele, critico severamente o encarceramento dos rótulos.

> Quem tem uma doença mental ou um transtorno emocional temporário e os supera se reinventa, se psicoadapta, desenvolve novas habilidades e fica mais belo, interessante, inteligente, fascinante, inclusive os autistas e os não autistas.

Carregar o estigma de doente mental ou incapaz intelectual é uma atrocidade – os autistas não são doentes, têm limitações que podem ser impulsionadas. Profissionais de saúde competentes, mas que não tiveram a oportunidade de estudar a fronteira mais complexa da ciência, que é o processo multiangular de construção de pensamentos, a formação do Eu e das plataformas de janelas socioemocionais, alavancaram o diagnóstico do autismo.

Lembre-se da crítica que fiz ao diagnóstico TOD (transtorno opositor desafiador), que, na realidade, é fruto da estratégia pedagógica inadequada dos pais ao usarem o trinômio reação explosiva/culpa/superproteção na relação com seus filhos rebeldes, desobedientes, difíceis, reativos e agressivos. Use a técnica TTE com eles de forma branda e contínua. Você verá que eles são menos rebeldes e difíceis do que imagina e que talvez você retroalimenta neles aquilo que detesta. Agora precisamos repensar a indústria do diagnóstico do "autismo".

TÉCNICAS DE GESTÃO DA EMOÇÃO fundamentais para serem aplicadas diariamente em crianças e adolescentes com TEA (Transtorno do Espectro Autista), TSA (Transtorno que Simula o Autismo), TDAH (Transtorno de Déficit de Atenção e Hiperatividade) e SPA (Síndrome do Pensamento Acelerado)! Essas técnicas são essenciais para a formação saudável do

Eu, para alavancar o processo de construção de pensamentos, desenvolver a socialização e promover habilidades socioemocionais, como autocontrole, consciência crítica, empatia, pensar antes de reagir, generosidade, resiliência! Elas devem ser aplicadas no ambiente social (casa, escola) e complementam o tratamento realizado por psiquiatras, psicólogos, fonoaudiólogos, neurologistas, pediatras, terapeutas ocupacionais etc. O tratamento em consultório é importante, mas completamente insuficiente, por isso a necessidade dessas técnicas no ambiente social! Todas objetivam gerar alta emocionalidade para destravar ou estimular o biógrafo inconsciente da personalidade, o fenômeno RAM (Registro Automático da Memória), para expandir registro de experiências e informações, a fim de promover a evolução da personalidade:

- **TTE (Técnica da Teatralização da Emoção)**! Na TTE, os pais, avós, amigos e professores superelogiam os comportamentos saudáveis e se superentristecem diante de comportamentos agressivos das crianças e adolescentes autistas ou com outros transtornos, provocando o fenômeno RAM para acelerar o registro de experiências socioemocionais a fim de formar plataformas de janelas na MUC (memória de uso contínuo), que, como disse, promoverão o processo de construção de pensamentos e os mais diversos níveis de socialização! Como a aplicação é simples, a TTE deveria ser realizada pelo menos dez vezes por dia! Nunca puna uma criança que fez birra ou teve reações agressivas; teatralize que ela o machucou, o que vai gerar, ao longo dos meses, a tão sonhada empatia!

- **TBR (Técnica de Brincar Repetindo Palavras)!** Os pais pegam um livro ilustrado e falam duas ou três palavras, e a criança repete! E, dessa forma, conta-se a história! Pode-se usar dança, palmas, enfim, muita emoção! Use a TTE, ou seja, exalte, aplauda o êxito da criança na repetição de palavras, mas aqui não dê qualquer importância para o erro nem mostre entristecimento, pois não houve agressividade da criança! Fazê-la duas a três vezes por dia!
- **TBC (Técnica de Brincar Cantando)!** Cante com a criança músicas divertidas e alegres e ensine a letra da música! Seja festivo, dance, bata palmas! Desengesse a mente, pois os educadores têm de ser mais divertidos do que os personagens da TV ou das redes sociais! De vez em quando, pode-se gravar a criança cantando, para que se escute e perceba espontaneamente que, quando canta, ela é segura e está socializando! A segunda e terceira técnicas ajudam inclusive na tartamudez (gagueira), pois as crianças hiperativas ou ansiosas tendem a ter dificuldade de fonação três vezes mais que as outras crianças!
- **TBS (Técnica de Brincar com a Sequência de palavras fonéticas semelhantes)!** É um exercício muito simples e fácil de fazer! Por exemplo, os pais repetem uma ou duas vezes uma mesma frase simples e inteira – "O sapo babou na lagoa"! Depois os pais ou outros educadores falam a primeira palavra e param, e pedem para que a criança termine a sequência. Toda vez que a criança acertar, faça a TTE aplaudindo, elogiando! Mas, se ela errar, não mostre entristecimento, pois aqui não há comportamento agressivo da criança!

Estamos na era do adoecimento coletivo das crianças e adolescentes! Cometemos um crime inacreditável no processo de formação da personalidade delas na era digital! Essas técnicas (com destaque para a TTE) são tão poderosas, inclusive para crianças sem nenhum transtorno aparente, que podem contribuir muito para a formação de mentes livres e emocionalmente saudáveis!

PARA SEMPRE LEMBRAR:

Como se faz a TTE (Técnica da Teatralização da Emoção)? Teatralizando com volume, efusão, solenidade e aplausos cada comportamento saudável do bebê ou da criança, como um momento de calma, um comportamento dócil, uma atitude altruísta, uma ordem obedecida. Deve-se fazer festa por qualquer coisa, mas não prolongadamente. O bebê, a criança ou até mesmo um adolescente autista ou que tem comportamentos que o simulam não vai entender os objetivos complexos envolvidos com a técnica, mas, ao longo das semanas e meses, ela provocará sua emoção, que provocará o biógrafo do cérebro, que provocará os atores coadjuvantes do Eu, que alavancará sua formação, que produzirá pontes sociais, que farão com que eles procurem novos comportamentos saudáveis para conquistar novos aplausos, fechando o ciclo. Não é mágico. O processo é lento, mas em semanas o sol começa a aparecer.

8

As poderosas técnicas de gestão da emoção no combate aos escravos digitais

Uma mente esgotada, tensa e estressada adoece e debilita a imunidade do organismo.

> Proteger a mente, gerir pensamentos e emoções, é sua maior responsabilidade, pois, se for irresponsável em preservar os recursos naturais do planeta mente, você poderá ser ótimo para a sociedade, mas será um carrasco de si mesmo.

Vemos hoje uma epidemia de suicídios, depressão, ansiedade e doenças psicossomáticas no mundo inteiro. Na época em que cursei a faculdade de medicina, uma em cada vinte pessoas desenvolvia algum tipo de câncer. Imaginava-se que, no século XXI, com o controle de fatores episódicos (tabagismo, alcoolismo, pesticidas, poluição ambiental), as estatísticas seriam generosas – um caso de câncer para cinquenta ou mesmo cem pessoas. Estamos em um para quatro, ou seja, uma em cada cinco pessoas vai desenvolver um tumor cancerígeno, e apenas os fatores genéticos e episódicos e o envelhecimento da sociedade não explicam esse caos mundial. Tenho alertado que mexemos na caixa-preta do funcionamento da mente, e as consequências são desastrosas.

Hoje esperamos as pessoas adoecerem para depois tratá-las, o que é uma injustiça dantesca. Síndrome do pânico, depressão severa, transtornos alimentares e de autoimagem são cárceres mentais que aprisionam o Eu, a capacidade de escolha, a autodeterminação. Precisamos entender quem somos, precisamos entender os bastidores da mente.

Vivemos espremidos em escolas, empresas, congressos, reuniões, mas nunca fomos tão solitários.

> Vivemos a pior solidão quando não somos capazes de fazer perguntas a nós mesmos e nos conhecermos.

Na adolescência, o Eu deveria estar razoavelmente formado para gerenciar os pensamentos e emoções, relaxar, não sofrer por antecipação, não se angustiar por ideias perturbadoras nem cobrar demais de si e dos outros. Na vida adulta, o Eu deveria estar estruturado a ponto de assumir plenamente a capacidade de liderança da mente, o que, infelizmente, não ocorre. Você vive na superfície ou nas camadas profundas do planeta psíquico?

> Onde estão as pessoas maduras? Quem é gestor da própria emoção? Quem administra seus próprios pensamentos perturbadores? Muitos administram sua carteira de ações, sua carreira profissional, seus sites e suas redes sociais, mas não dirigem a única empresa que jamais pode falir, porque, se falir, todo o resto desmorona – a própria mente.

O piloto é lento para dirigir a mente em situações de risco

O Eu doente é lento para perceber as luzes vermelhas piscando no painel da saúde psíquica e do estresse cerebral. Somos incoerentes no único lugar em que deveríamos ser inteligentes e saudáveis – dentro de nós mesmos.

> As escolas preparam os alunos para aprender matemática, mas não preparam o Eu de cada um para conhecer a matemática das relações sociais, em que dividir é aumentar.

Na matemática numérica, toda divisão diminui os números, mas nas relações sociais ocorre o contrário. Alunos que não aprendem a dividir sua atenção, seus sentimentos, seu tempo e seu respeito desenvolvem não apenas um cérebro ansioso e estressado, mas também um Eu egocêntrico, individualista, que não sabe trabalhar em equipe e que não se preocupa com as angústias dos outros.

Professores que sabem transmitir informações, mas não conseguem dividir momentos importantes da própria história com os alunos, estão aptos a programar computadores, mas não a formar pensadores afetivos, altruístas, generosos e que preservam o cérebro de um estresse doentio. Esse tipo de educação forma herdeiros imediatistas, gastadores irresponsáveis que não sabem construir um legado. Além disso, tais professores também estressam o próprio cérebro, pois ensinam sem tempero, sem encantamento, sem emoção.

Crianças e adolescentes que não aprendem a dividir suas roupas e outros objetos com irmãos ou amigos poderão pautar a personalidade por disputas irracionais no futuro, não beberão das águas da tranquilidade e da solidariedade. Quem é individualista estressa seu cérebro e o das pessoas à sua volta. Quem é egocêntrico encarcerou seu próprio ego. Um Eu superficial tende a educar um Eu superficial. Um Eu doente tende a formar o Eu de quem ama de forma doente também. Felizmente a mente é plástica, a tal ponto que não poucos filhos de pais alcoólatras acabam tendo aversão a bebidas, filhos de pais deprimidos podem ser bem-humorados, e filhos de pais pessimistas podem se tornar otimistas e ousados.

Um Eu despreparado para ser líder de sua mente não sabe que uma pequena ação, como um olhar de desprezo ou um apelido ofensivo, pode criar janelas killer com alto poder de atração, agregar outras janelas e levar à formação de uma plataforma que desencadeará características de personalidade doentias, como ódio, violência, autorrejeição e timidez.

Pessoas excessivamente críticas, que não têm papas na língua, que falam tudo o que lhes vem à mente, também têm um Eu desnutrido. Alguns estão intoxicados digitalmente e tão ansiosos que dizem com orgulho: "Dr. Cury, eu não levo desaforo para casa". Eu olho bem em seus olhos e lhes respondo: "Claro, você não tem autocontrole! Você não leva desaforos para a casa física, mas atola de lixo sua casa mental e também a psique dos outros". Vivem estressados e estressando seus filhos, cônjuge, alunos, colegas de trabalho. Podem ser ótimos para criticar os outros, ousados para falar o que pensam, mas imaturos para se repensar e se proteger.

> Que educação é essa que ensina línguas para nos comunicarmos com o mundo, mas não ensina a nos comunicarmos com os medos, as manias e as preocupações tolas produzidas em nossa mente?

Que educação é essa que ensina a física, a lei da ação e reação, mas não a bela física da emoção, que demonstra que não devemos jamais viver pelo binômio bateu-levou?

A jornada interior que deveríamos seguir

A carga genética, o ambiente intrauterino, as relações familiares e o sistema educacional contribuem para a formação de milhares de janelas com milhões de experiências. Entretanto, durante o processo de formação da personalidade, à medida que a criança começa a determinar o que quer, o Eu deveria começar a proteger sua emoção, a filtrar estímulos estressantes e a fazer suas escolhas.

Durante a adolescência, o Eu deveria proteger a memória, bem como desenvolver a habilidade de deixar de ser vítima dos conflitos psíquicos, sociais e até das influências genéticas, e passar a escrever o *script* da própria vida. Na vida adulta, o Eu deveria ter consciência dos seus papéis e exercê-los com maturidade. Ninguém poderá fazer essa tarefa pelo Eu. No máximo, poderá haver ajuda de um psiquiatra ou psicoterapeuta e a influência de pais, professores, amigos, filósofos, religiosos, livros e informações.

Tanto o Eu coitadista, com pena de si mesmo, que se acha azarado, incapaz de mudar sua situação, quanto o Eu conformista, acomodado, que vive na lama do continuísmo, que não se arrisca a andar por lugares nunca antes percorridos, viverão no cárcere do tédio, não serão engenheiros da própria história. O tédio brando é importante, gera uma ansiedade saudável e nos impele a criar, recriar, se reinventar. Mas o tédio tóxico, gerado pelo excesso de digital e internet, gera uma insatisfação crônica, ansiedade doentia, incapacidade de fazer das pequenas coisas um espetáculo aos olhos.

O Eu saudável deve ser um engenheiro de janelas light, um protetor da memória, um agente que abranda o estresse cerebral. Um Eu engenheiro determinará seu futuro emocional, seu sucesso em produzir relações saudáveis e até sua eficiência em libertar a criatividade. Somos hábeis em explorar jazidas de petróleo e de minérios, em reivindicar nossos direitos sociais, mas não em explorar nosso psiquismo e reivindicar nossos direitos intrapsíquicos – uma mente livre, uma emoção saudável, um intelecto relaxado e uma inteligência criativa.

> O grande fiador desses direitos é a formação de um Eu autoconsciente, autocrítico, coerente, dosado, determinado e com níveis elevados de ousadia.

O Eu tem muitíssimos papéis fundamentais no teatro psíquico e social, como ousar, debater, ter pensamento crítico, ser empático, pensar antes de reagir, construir pontes, empreender, ser resiliente, inovar, contemplar o belo, se psicoadaptar às intempéries, impactar pessoas, ter propósito de vida, doar-se, exercer seus direitos, cumprir seus deveres. E todos esses papéis se cumprem com seu magno papel de gestão da emoção e dos pensamentos. Por isso, esse papel é um programa, e não apenas uma habilidade.

O que é a gestão das emoções e dos pensamentos?

Seu Eu é um engenheiro da própria história ou um servo que se submete às ordens dos conflitos e da preocupação excessiva com a imagem social?

O programa de gestão da emoção e dos pensamentos é:

- Educar e treinar o Eu para gerenciar sentimentos tensos, como o estresse intenso, a intolerância às frustrações, a impaciência, a irritabilidade, a impulsividade.
- Educar e treinar o Eu para intervir na qualidade dos pensamentos fixos, perturbadores, mórbidos e autodestrutivos que fomentam preocupações e as tormentas mentais.
- Usar técnicas como a D.C.D. (Duvidar, Criticar e Determinar), a técnica do Eu como consumidor emocional responsável (a saúde emocional vale ouro, é invendável) e a técnica da Mesa-Redonda do Eu com frequência nesse treinamento.

- Deixar de ser espectador passivo e dirigir seu *script*.
- Ser livre para pensar e sentir, mas não ser escravo dos pensamentos e das emoções.
- Administrar as expectativas e proteger a emoção nos focos de tensão.
- Reciclar a timidez, a insegurança, a hiper-reatividade/impulsividade.
- Dar um choque de lucidez no pessimismo, conformismo, coitadismo, egocentrismo.
- Reciclar o sentimento de culpa, as fobias e a autocobrança.
- Não gravitar em torno dos problemas nem se curvar diante da dor, usando o caos e as perdas como oportunidade construtiva.
- Filtrar estímulos: não sofrer pelo futuro nem ruminar o passado.
- Não ser carrasco de si mesmo, não cobrar demais de si, desacelerar a mente e valorizar o descanso: férias, feriados, fins de semana.
- Aprender a trabalhar o autocontrole, a autonomia e o protagonismo.
- Educar a mente para ser tranquila, pacífica, lúcida e ponderada.
- Namorar a vida antes de namorar alguém: viver mais leve e contemplativamente.
- Treinar diariamente ser autor da própria história.

Uma pessoa madura não dá as costas aos problemas, mas aprende a transformar o caos em oportunidade para crescer. Não abre mão de escrever a própria história mesmo enfrentando lágrimas e frustrações. Para ser o roteirista de sua vida, você precisa aprender a administrar a ansiedade e a colocar sua saúde mental e suas relações íntimas no topo da lista de prioridades.

> Uma pessoa líder de si mesma e, portanto, gestora de sua emoção tem mais capacidade de contribuir para formar pessoas serenas. Uma pessoa feliz e saudável tem mais possibilidade de fazer os outros felizes e saudáveis.

Já uma pessoa estressada tem mais chances de adoecer os outros.

Gerenciar os pensamentos é ser livre para pensar, e não escravo dos pensamentos. Se você abrir mão de escrever a própria história, provavelmente seus erros, conflitos e traumas a escreverão.

O que você faz com seus pensamentos preocupantes? Como reage diante dos fantasmas fóbicos que o assombram, como a alodoxafobia, ou medo dos *haters*, dos discursos de ódio e das críticas atrozes? A alodoxafobia está se tornando a fobia mais comum na era da ansiedade digital. O que fazer? Praticar com frequência a técnica D.C.D., a técnica Pacto do Eu como consumidor emocional responsável e a técnica da Mesa-Redonda do Eu. Elas são poderosas e podem ser aplicadas para domesticar nossos vampiros emocionais, inclusive o medo dos cancelamentos. Não é possível controlar a ansiedade e o estresse e encontrar autocontrole se nos abandonamos pelo caminho. Excelentes profissionais às vezes são ótimos para suas instituições, mas péssimos para si mesmos. Colocam-se em último lugar em suas agendas. Como não aprendem a proteger a memória, administrar os pensamentos e gerenciar o estresse, acabam se tornando seus próprios algozes.

A ansiedade tóxica é um estado de tensão emocional gerado por conflitos, fobias, perda, frustração, traição, inveja, ciúme e sentimento de incapacidade, bem como por excesso de trabalho intelectual, de informação, de preocupação e pelo uso desmedido da internet e das redes sociais em geral. Já o estresse é um estado de ansiedade canalizado para o metabolismo cerebral, gerando sintomas psicossomáticos, ou seja, manifestações físicas.

Mas há ansiedade e estresse saudáveis, que animam e preservam a vida.

> A ansiedade saudável inspira, motiva, anima, encoraja a ter curiosidade e a andar por lugares nunca antes explorados.

A ansiedade doentia esgota o cérebro a tal ponto que compromete a capacidade de resposta e o autocontrole, promove a intolerância e gera sintomas psicossomáticos.

Quando você está numa situação de risco – por exemplo, diante da iminência de sofrer um acidente de carro, uma picada de cobra ou até mesmo uma crítica intensa –, sua ansiedade se eleva rapidamente, produzindo aumento da pressão arterial, da frequência respiratória e das batidas do coração, preparando-o para a reação de luta ou fuga. Esse estresse representa um mecanismo de defesa saudável que procura proteger a vida. Do mesmo modo, ao fazer uma prova, iniciar um relacionamento ou se lançar em uma aventura radical, seus níveis de ansiedade e estresse podem, em tese, ser saudáveis e positivos.

Por outro lado, quando a ansiedade gera uma mente hiperacelerada, agitada, impaciente e impulsiva, o estresse que ela produz é doentio. Esse tipo de estresse, além de gerar sintomas psicossomáticos mais duradouros, asfixia o ânimo, a motivação, a curiosidade, a resiliência, o raciocínio esquemático e a capacidade de lidar com frustrações.

> A ansiedade e o estresse são nocivos quando bloqueiam as habilidades intelectuais e emocionais e perpetuam sintomas físicos como cefaleias, dores musculares, queda de cabelo, hipertensão arterial e doenças autoimunes.

Parar de pensar no problema, excluir desafetos, ir ao shopping, ver TV, tirar férias, fugir do clima pesado ou botar tudo para fora são técnicas comumente usadas para aliviar o estresse. Mas são eficientes? De maneira geral, não. Algumas são até destrutivas.

Tentar desviar a atenção ou se distrair para superar o estresse e os conflitos é a pérola das técnicas populares utilizadas pelo Eu. Embora seja a mais usada pela maioria das pessoas, tem baixo nível de eficiência. Infelizmente, milhões de pessoas que foram vítimas de bullying, sofreram perdas, traições e rejeições ou atravessaram crises depressivas e ansiosas tentaram usar essa técnica e falharam.

As pessoas que colocam tudo para fora, que não guardam nada, que dizem que são sempre verdadeiras, têm na realidade uma grande falta de autocontrole. Machucam os outros com a intenção de aliviar a própria dor. Uma pessoa que não mapeia sua irritabilidade, sua intolerância, sua infantilidade, seus medos, enfim, seus conflitos, os leva para o túmulo. As pessoas que não têm coragem de penetrar em camadas mais profundas da personalidade preservam seus cárceres mentais, suas janelas killer ficam intocadas. Essas pessoas terão medo do futuro e serão assombradas por seus fantasmas mentais.

Frustrações, mágoas, decepções, traições não nutrem por si sós a sabedoria, a capacidade de se reinventar, de ser líder de si mesmo, de aplaudir a vida. A tendência é ocorrer um registro involuntário e inconsciente na memória, formando cárceres mentais. No cérebro humano, há mais cárceres que nas cidades mais violentas do mundo. Rejeitar uma pessoa, uma ofensa, um estímulo estressante, negar um problema ou tentar se distrair não resolve, porque o biógrafo do cérebro, o fenômeno RAM, Registro Automático da Memória, armazena tudo isso. Quando há um nível de tensão elevado, o registro é privilegiado, formando mais cárceres mentais ou janelas killer. Dezenas de milhões de pessoas vivem sem o oxigênio da liberdade na própria mente. E o biógrafo chamado RAM constrói mais cárceres todos os dias. Por isso você tem de aprender a impugnar, confrontar e discordar de cada pensamento perturbador.

Apresentação inicial de algumas importantes técnicas de gestão da emoção

É possível ser autor, é possível ser protagonista, é possível dirigir o *script* da própria vida. Para isso, temos que sair da plateia e entrar no palco da mente, nos tornar protagonistas e diretores do nosso *script*. Contudo, o ser humano não é assim, normalmente é conformista e coitadista, acaricia os próprios transtornos.

> Você pode escovar os dentes e tomar banho todos os dias, mas, se não fizer uma higiene em sua mente, estará cometendo quase que um crime contra sua saúde – sua saúde psíquica. Cuidamos para manter nosso corpo livre de contaminação por bactérias e vírus, mas nossa mente está cheia de "germes emocionais", saturada de pensamentos perturbadores, culpa, autopunição, cobrança.

Para preservar sua saúde emocional, aprenda a não comprar aquilo que não lhe pertence. Você sabe que é importante ser um consumidor responsável, não pode comprar tudo que vê pela frente, senão acabará com dificuldade de honrar seus compromissos. Você não vai ao supermercado e compra um produto estragado ou com prazo de validade vencido.

Agora, quando alguém o contraria, você compra aquilo que não lhe pertence? Um olhar atravessado no meio de uma reunião, um comentário desdenhoso – você compra?

As pessoas que mais nos frustram e traem frequentemente são as que estão mais próximas, as pessoas a quem nos doamos e de quem esperamos retorno. É claro que inimigos e desafetos nos frustram, mas as pessoas próximas são as que mais podem nos machucar. As pessoas mais íntimas são aquelas que mais podem furtar sua paz.

> Você tem que aprender a não comprar aquilo que não lhe pertence, uma tarefa solene do Eu.

Se você não tiver uma atitude consciente e lúcida nas relações interpessoais, muito dificilmente terá saúde psíquica.

É certo que haverá decepções no convívio humano. A vida ficará muito mais leve e suave se você treinar a habilidade de não comprar aquilo que não lhe pertence. Não seja um consumidor emocional irresponsável. Sua mente não pode ser uma casa com portas e janelas escancaradas, que outros invadam com facilidade e furtem o que você tem de melhor.

A técnica da Mesa-Redonda do Eu, construída por autodiálogo inteligente, lúcido, decidido contra nossos conflitos, contra a ansiedade digital, atua fora dos conflitos, fora do ambiente onde as janelas killer estão abertas; portanto, opera mais na gestão dos pensamentos e, consequentemente, também na administração da emoção. É diferente da ferramenta D.C.D., que é uma técnica que atua primeiramente nos focos de tensão, quando a janela killer ou traumática está aberta; portanto, na emoção, para depois atuar na administração dos pensamentos.

A técnica D.C.D. deve ser aplicada em crises de ansiedade, ataques de pânico, reações fóbicas, sofrimento pelo futuro, ruminação de frustrações, sentimento de apequenamento ou estresse nos mais diversos momentos em que estamos intoxicados digitalmente e esgotados mentalmente; enfim, enquanto a janela killer está aberta. Portanto, não a exercitamos, como vimos, com muita racionalidade, fazendo grandes discursos ou racionalizando o foco da ansiedade, apenas impugnando poderosamente e confrontando fortemente o fechamento do circuito da memória. Realizamos a técnica da Mesa-Redonda do Eu com racionalização, pois o foco de tensão e da ansiedade ou humor triste da ansiedade digital já passou por alguns minutos ou horas. Nesse caso, o circuito da memória não está fechado; sendo assim, os efeitos da síndrome predador-presa não estão em cena antes ou depois de atravessarmos os vales do conflito. Uma técnica complementa a outra, e, às vezes, elas se mesclam.

A D.C.D., por atuar no foco de tensão, reedita o filme do inconsciente, criando novas experiências que são registradas nos arquivos doentes. E a Mesa-Redonda do Eu atua, como veremos, construindo janelas light saudáveis ao redor das janelas traumáticas ou killer. Bem-vindos às ferramentas com as quais o Eu se torna um brilhante autor da história, diretor do *script*, gestor da sua mente.

Técnica D.C.D. (Duvidar, Criticar, Determinar)

As ferramentas de gestão da emoção descritas a seguir colocam combustível nos sonhos e na disciplina, transformam uma crise ou acontecimento indesejável numa oportunidade fantástica para reescrever janelas killer e capacitar o Eu como autor da própria história. Essas técnicas são um excelente complemento da psiquiatria e da psicologia clínica, pois são praticadas no dia a dia, fora do consultório. A técnica D.C.D. é uma excelente técnica para gerenciar e proteger o delicadíssimo e desconhecido planeta mente:

- A arte de duvidar é o princípio da sabedoria na filosofia.
- A arte de criticar é o princípio da sabedoria na psicologia.
- A arte da determinação estratégica é o princípio da sabedoria na área de recursos humanos.

A técnica D.C.D. deve ser aplicada com emoção e coragem. Você deve duvidar de tudo que o controla, criticar todo pensamento perturbador e determinar estrategicamente aonde quer chegar.

Duvide de todas as suas falsas crenças. Por exemplo:

- "Duvido que as pessoas não vão gostar do que tenho a dizer."
- "Duvido que serei rejeitado nessa situação."
- "Será mesmo que vou fracassar depois de ter me preparado tanto?"
- "Duvido de cada pensamento perturbador."
- "Duvido do que as pessoas pensam e falam de mim."
- "Duvido que esses monstros que imaginei em minha cabeça são reais."

Duvide de que não consegue superar seus conflitos, suas dificuldades, seus desafios, seus medos, sua dependência. Duvide de não ser autêntico, transparente e honesto consigo mesmo. Duvide de que não é capaz de ser livre nem autor da própria história. Duvide de que não pode brilhar como pai ou mãe, como ser humano e como profissional. Lembre-se de que tudo aquilo em que você crê o controla. Se não duvidar frequentemente das suas falsas crenças, elas o escravizarão, e você não conseguirá reeditar o filme do inconsciente.

Critique cada ideia pessimista, cada preocupação excessiva e cada pensamento angustiante. Por exemplo:

- "Critico meu pessimismo. Por que penso dessa forma?"
- "Por que ser vítima desses sentimentos ou pensamentos?"

- "Quais armadilhas estão no controle da minha vida neste momento?"
- "O que de pior pode acontecer se eu errar? E o que de melhor pode acontecer se eu acertar?"
- "Por que essa necessidade neurótica de ser perfeito?"
- "Ninguém é perfeito e ninguém acerta o tempo todo."
- "Critico meus medos, a supervalorização da opinião dos outros. Meus medos irreais existem apenas na minha mente, e posso controlá-los."

Jamais se esqueça de que cada pensamento negativo deve ser combatido com a arte da crítica. Seu Eu tem que deixar de ser passivo, tem que questionar a raiva, o ódio, a inveja. Critique a ansiedade, a agitação mental, a necessidade de estar em evidência social. Questione seu medo do futuro, de não ser aceito, de falhar.

Após exercer a arte de duvidar e criticar no palco da mente, pratique o terceiro estágio da técnica – determine estrategicamente ser livre, não ser escravo dos seus conflitos e medos. Determine ser alegre, seguro e forte. Determine ter encanto pela vida, contemplar a beleza da criação, lutar por seus sonhos. Determine ser capaz de reeditar um momento de sua vida, perdoando os outros e a si mesmo. Por exemplo:

- "Eu decido que, a partir de agora, sou muito mais confiante para falar em público."
- "Eu decido que sou autor da minha própria história."
- "Eu decido gerenciar minhas emoções para me tornar um ser humano cada vez melhor."

- "Eu determino confrontar meus fantasmas mentais. Eu decido ser livre."

> Entre desejar e determinar há uma lacuna imensa. Não basta desejar; é preciso determinar com disciplina, mesmo que o mundo desabe sobre você. Determine lutar por seus sonhos, por ter uma mente saudável e generosa. Decida continuamente ter um romance com a própria história e jamais se abandonar. Determine agradecer mais e reclamar menos, abraçar mais e julgar menos, elogiar mais e condenar menos.

Entregue-se à prática com tanta emoção quanto a de um advogado de defesa ao defender um cliente. Você deve impugnar, confrontar e discordar das suas mazelas psíquicas. A técnica D.C.D. pode reeditar as janelas killer e oxigenar o centro da memória.

Não se esqueça de que determinar ser livre só tem efeito se primeiro você treinar a arte de duvidar e criticar. Caso contrário, a arte de determinar se tornará uma técnica de motivação superficial que não suportará o calor dos problemas do dia a dia.

Aplique a técnica D.C.D. com muita garra e vontade de reorganizar e reescrever sua história, como se fosse o grito de liberdade de alguém que sai da condição de espectador passivo na plateia, entra no teatro da mente e proclama: "Eu escreverei o *script* da minha vida".

Pacto do Eu para ser um consumidor emocional responsável

Somos consumidores emocionais irresponsáveis. Compramos o que não construímos, produzimos, elaboramos, como ofensas, frustrações causadas pelos outros, críticas injustas, bullying. Com os grandes focos de tensão, usamos a técnica D.C.D.; mas o que fazer com os pequenos lixos mentais, os pensamentos pessimistas, as ideias sobre o futuro sombrio e os pequenos atritos sociais tão constantes em nosso dia a dia? Não é necessário usar um canhão para eliminar uma mosca. Quanta energia gastaríamos utilizando o D.C.D. com pequenos estímulos estressantes? Nesses casos, uma outra ferramenta extremamente eficiente: o Pacto do Eu como consumidor responsável. Você tem uma preocupação tola ou uma ideia fixa em relação a um sintoma ou doença; se não é importante, deixe acontecer. Não precisa confrontar com a técnica D.C.D. Seu Eu deve entrar em cena, ter consciência de que não é nada grave e elaborar em sua mente: "Não estou tendo nada de grave. Não vou consumir estes pensamentos tolos!".

O Pacto do Eu é muito mais poderoso e eficaz do que tentar esquecer, se distrair ou negar um pensamento perturbador ou um problema. É um pacto consigo mesmo, para permanecer livre, sereno e tranquilo a cada momento da vida, não comprando o lixo do outro, ofensas, rejeições e grosserias. Essa técnica gasta pouca energia mental, mas é eficiente para não poluir o cérebro.

O Pacto do Eu nos permite ser sociáveis e generosos, sabendo, ao mesmo tempo, que viver em sociedade produz tempestades imprevisíveis. Fazer um pacto sério consigo mesmo para não absorver ofensas, rejeições, picuinhas, fofocas de forma irresponsável é libertador. Mas como?

Aprenda a dar risada de seus pensamentos tolos, deboche de suas preocupações e neuroses, proclame em voz alta:

- "Essa crítica ou atrito não me pertence."
- "Eu não preciso ficar com o lixo do outro."
- "Essa doença é do outro, e não minha."

Proclame seus pontos fortes, que ninguém é perfeito, que somos seres em construção. Proclame ser livre. Aprenda a escolher sabiamente as batalhas mentais que devem ser lutadas.

Mesa-Redonda do Eu

Na Mesa-Redonda do Eu, podemos atuar com calma, refletir, analisar e discutir as crises fóbicas, as reações ansiosas, os conflitos de relacionamento, os desafios. Não apenas se reedita o filme do inconsciente, mas se objetiva principalmente construir janelas light paralelas ao redor do núcleo traumático, para neutralizar o poder de uma janela traumática ou killer e para que o Eu consiga ter, nos focos de tensão, lucidez, coerência, autonomia, enfim, seja capaz de ser líder de si mesmo e autor de sua história.

Com a técnica da Mesa-Redonda, seu Eu deixará a condição de espectador passivo para ser autor da própria história. Não é possível sermos autores da nossa história, gerenciarmos nossos pensamentos, administrarmos nossa emoção, desenvolvermos qualidade de vida, se não tivermos coragem e capacidade de fazer um debate íntimo e transparente com nossos problemas e revisar nossos caminhos. A Mesa-Redonda do Eu é um passo além da técnica D.C.D. É mais profunda, serena e prolongada.

Deve ser praticada fora dos focos de tensão para reeditar as janelas killer que assombram a psique e encarceram o Eu.

Para dar um exemplo: a timidez, tão comum na atualidade, é causada por um conjunto de experiências psíquicas que supervalorizam a opinião dos outros, a crítica social e a imagem que a sociedade tem da pessoa. Essas experiências são arquivadas, gerando janelas doentias.

Ao enfrentar novos ambientes, desafios e reuniões sociais, as pessoas tímidas abrem essas janelas, bloqueando sua inteligência e, em certas ocasiões, gerando sintomas psicossomáticos, como mãos frias, taquicardia, suor excessivo. Os tímidos falam pouco, mas pensam muito e gastam energia biopsíquica excessiva, o que gera fadiga, ansiedade e apreensão. Embora pensem muito, a construção do pensamento não é dirigida para o autodiálogo. Se praticarem por seis meses a Mesa-Redonda do Eu associada à técnica D.C.D., com exercícios intelectuais diários que duvidem de sua imagem doentia da sociedade, que critiquem o sentimento de vergonha, que questionem a hipersensibilidade diante da opinião dos outros, encontrarão a tão sonhada liberdade. Reeditarão as principais janelas doentias e construirão riquíssimas janelas paralelas contendo ousadia, segurança e determinação.

A Mesa-Redonda do Eu não é simplesmente produzir pensamentos no silêncio da nossa mente. Pensar todo mundo pensa. E muito. É pensar construindo um debate íntimo. Essa ferramenta de qualidade de vida pode ser usada como técnica psicoterapêutica e psicopedagógica. Psicoterapêutica porque nos faz superar a ansiedade, o estresse e outros transtornos psíquicos. Psicopedagógica porque expande a inteligência, nos torna pensadores e previne doenças psíquicas.

Essa técnica implica no debate crítico com os bloqueios, as frustrações, as crises, as perturbações, os projetos, os sonhos. Nesse debate, fazemos silenciosamente uma bateria de perguntas: "Onde? Por quê? Como? Quando? Quais os fundamentos? Vale a pena? Esse é o caminho?".

Por exemplo, uma pessoa que sofre uma crise de ansiedade – caracterizada por medos súbitos, vertigem, inquietação, dores de cabeça, taquicardia etc. – pode ser controlada por essa crise ou se recolher e começar a debater com ela. Ao fazer uma mesa-redonda, ela critica, repensa e questiona seus medos, preocupações, motivos para estar naquela crise, com seriedade. Ela se pergunta: "Qual é a lógica da minha crise ansiosa? Que fatores estressantes a desencadearam? Estou sofrendo pelo que ainda não aconteceu? Estou cobrando demais de mim mesmo? Quando tudo começou?". Assim como se faz higiene bucal e corporal diariamente, a higiene mental também deve ser feita com constância, para que possamos reeditar as janelas ou construir janelas paralelas que podem neutralizar a ansiedade. Torço para que você treine diariamente seu Eu como gerenciador emocional e intelectual nos focos de tensão.

> Se você não aprender a conversar consigo, ainda que o tachem de louco, se não tiver conversas inteligentes e calmas com os fantasmas de sua mente, se não der um choque de lucidez nas suas preocupações e em seus pensamentos asfixiantes, se não reciclar suas emoções tensas, ansiosas e depressivas, não saberá o que é ser minimamente autor de sua história.

Jamais seremos autores plenos, mas nunca deveríamos abrir mão dos capítulos mais importantes de nossas vidas. Você não tem responsabilidade se tiver fobias, ansiedade, pessimismo, impulsividade, mas tem responsabilidade de reciclá-los e não permitir que se aninhem em sua mente.

PARA SEMPRE LEMBRAR:

Tentar desviar a atenção ou se distrair para superar o estresse e os conflitos é a pérola das técnicas populares utilizadas pelo Eu. Embora seja a mais usada pela maioria das pessoas, tem baixo nível de eficiência. Infelizmente, milhões de pessoas que foram vítimas de bullying, sofreram perdas, traições e rejeições ou atravessaram crises depressivas e ansiosas tentaram usar essa técnica e falharam. Técnicas como a D.C.D. (Duvidar, Criticar e Determinar) e a Mesa-Redonda do Eu são muito mais eficazes.

As pessoas que colocam tudo para fora, que não guardam nada, que dizem que são sempre verdadeiras, têm, na realidade, uma grande falta de autocontrole. Machucam os outros com a intenção de aliviar a própria dor. Uma pessoa que não mapeia sua irritabilidade, sua intolerância, sua infantilidade, seus medos, enfim, seus conflitos, os leva para o túmulo. As pessoas que não têm coragem de penetrar em camadas mais profundas da personalidade preservam seus cárceres mentais, suas janelas killer ficam intocadas. Essas pessoas terão medo do futuro e serão assombradas por seus fantasmas mentais.

9

As consequências cruéis da ansiedade digital: soluções e orientações

Diante de tudo que expus nesta obra sobre a ansiedade digital e como enfrentar o mal do milênio, quero fazer uma síntese das eras desastrosas que o mundo digital trouxe, sempre destacando que houve benefícios inegáveis no aumento da produtividade, na democratização da informação e no incremento da sociabilidade. Mas os efeitos colaterais superam muitíssimo os ganhos. Na Idade Média, houve a era das trevas, em que os livros foram queimados, o radicalismo imperou e a evolução da Europa se desacelerou.

Hoje tudo está mais colorido por fora, mas entramos na era das trevas mentais – haja vista que mais de 4 bilhões de seres humanos, metade da população mundial, têm ou vão desenvolver um transtorno psiquiátrico em sua jornada de vida, segundo pesquisas de Harvard,[viii] fora a classificação da Síndrome do Pensamento Acelerado e da síndrome da ansiedade digital, que expandem explosivamente esses números. E provavelmente nem 1% deve se tratar, seja porque o tratamento é caro, seja porque faltam profissionais de psiquiatria e psicologia eficientes, ou porque as pessoas negam ou não têm consciência de que estão emocionalmente doentes.

Nestes tempos modernos, a produção de alimentos aumentou (embora, infelizmente, mais de 800 milhões de pessoas ainda vivam abaixo da linha da pobreza, segundo dados do Banco Mundial),[ix] os direitos humanos se expandiram, as vacinas foram produzidas, a medicina deu saltos fascinantes, levando-nos a sair de 1 bilhão de habitantes para mais de 8 bilhões em menos de um século. Mas infelizmente não há relação radicalmente linear entre abundância de alimentos, acesso à educação, saltos na medicina e a formação de mentes livres, saudáveis e pensadoras. Há o trabalho escravo infantil, que precisa rigorosamente ser combatido, mas há muito mais o trabalho mental escravo digital infantil em milhões de famílias que moram em boas residências, mas do qual pouco se fala, embora seja devastador para a evolução da personalidade. Os direitos das mulheres, como igualdade de oportunidades e igualdade de salários para as mesmas funções, têm de ser respeitados, mas há centenas de milhões de pessoas, a maioria mulheres jovens, que vivem sob o padrão tirânico de beleza, que é muitíssimo cruel. Sucesso por fora e insucesso por dentro. Estamos na era das trevas mentais.

Meu grito de alerta é porque as eras das trevas mentais que apontarei, se não forem identificadas, enfrentadas, recicladas, combatidas, poderão comprometer o futuro da nossa espécie, a viabilidade da família humana, pois assistiremos cada vez mais a uma ampliação cruel do radicalismo político, da autopunição e automutilação, da necessidade neurótica de poder, da necessidade doentia da evidência social, do humor triste, do aumento no número de suicídios, de incidência de câncer, doenças psicossomáticas, problemas ambientais, disputas globais e insegurança alimentar. Sem a formação do Eu livre e saudável, podemos gerar uma massa de jovens que serão incapazes de dar respostas inteligentes e humanísticas a nossos desafios emocionais e globais. As eras das trevas mentais estão em curso e se avolumando, mas espero não ser uma voz solitária no teatro da humanidade denunciando-as; sonho que haja cada vez mais uma corrente de médicos, educadores, psicólogos, sociólogos, religiosos, políticos, pais e jovens alardeando-as.

A era dos altos índices de GEEI e das mentes ansiosas

Estamos na era do gasto de energia emocional inútil (GEEI), que se manifesta como mentes estressadas, ansiosas, irritadiças, agitadas e que acordam cansadas. Milhões de crianças e adolescentes, bem como adultos, são vítimas do sofrimento pelo futuro, da ruminação de mágoas, do aumento da expectativa para ser feliz e realizado, da hiperpreocupação, da alodoxafobia exacerbada (medo da opinião dos outros, dos cancelamentos e das críticas), da glossofobia (medo de falar em público), de autocobranças e de síndromes da história. E os altos índices de GEEI foram agora turbinados neste século pela ansiedade digital, esgotando o cérebro coletivamente.

O álcool etílico e o tabaco são drogas socialmente aceitas e comercialmente livres, embora matem diariamente inúmeras pessoas. O excesso de uso de aparelhos digitais também é uma droga socialmente aceita e comercialmente livre e incentivada, ainda que cause inumeráveis transtornos emocionais e leve a crises de ansiedade, depressão, autopunição e perda da autonomia, capitaneada por comparação atroz de um usuário digital.

Lembre-se sempre de que a ansiedade digital altera a velocidade dos atores coadjuvantes no teatro da mente, disparando o gatilho da memória, abrindo uma quantidade absurda de janelas e levando a âncora emocional a não se fixar e gerar foco e atenção, pois está em frenesi. Esse complexo processo, difícil de ser compreendido por quem não estudou os bastidores da mente do *Homo sapiens*, acelera perigosamente a construção de pensamentos, levando a uma inquietação e dificultando a concentração e a cognição ou o desenvolvimento dos amplos aspectos da intelectualidade, como o pensamento estratégico, sintético, dedutivo e indutivo. O ser humano pensa muitíssimo na atualidade, mas pensa sem gestão dos seus pensamentos, produzindo uma bomba cerebral que o esgota mais do que três, quatro ou dez pessoas que fazem um árduo trabalho físico.

A era da solidão e do tédio e, consequentemente, do autoabandono

A solidão branda é um bilhete de passagem para navegarmos dentro de nós mesmos, mas a solidão intensa e tóxica é altamente destrutiva. A solidão branda gera uma ansiedade saudável que nos conduz a nos procurar, nos interiorizar, autoconhecer, reinventar e namorar a vida. Destruir essa solidão branda, inerente à psique humana, como milhões de jovens querem, é destruir a entrada no mais importante endereço, um endereço dentro de si mesmo. Mas, por outro lado, a solidão tóxica é devastadora, gera uma ansiedade intensa que leva a se sentir só em meio à multidão, desconectado das famílias e dos colegas de escola, ainda que haja apoios e aplausos. A mente "mente" que o isolamento poupa dos estresses sociais, das críticas, dos preconceitos. Equivocado engano! Suas mentes não lhes dão descanso, elas produzem seus fantasmas mentais, aumentam fortemente o índice de GEEI.

De acordo com pesquisas do governo japonês em 2010 e 2019, estimava-se que mais de 1 milhão de pessoas viviam em isolamento social prolongado no país (696 mil entre 15 e 39 anos e 613 mil entre 40 e 64 anos).[x] Alguns especialistas sugerem que esse número, atualmente, pode ser ainda maior, chegando a 1,5 milhão a 2 milhões. Pessoas que não saem de casa, não praticam esportes, não visitam as famílias, não participam de festas, não frequentam restaurantes, não socializam. Vivem encarceradas por uma solidão tóxica capitaneada pela demofobia, medo de estar em público, que é mais destrutiva que a glossofobia, medo de falar em público, que atinge 75% das pessoas.

O tédio é inevitável. Ninguém vive excitado, motivado, fazendo coisas superinteressantes o tempo todo. Assim como a solidão branda, o tédio brando gera uma ansiedade saudável que nos leva a nos procurar e nos reinventar. Evite a solidão e destrua o tédio brando, como milhões de crianças, jovens e adultos querem – especialmente para evitar a ansiedade, que, também quando branda, é muito saudável –, que eles não velejarão dentro de si, serão imigrantes desconfortabilíssimos na nação da sua emoção.

> Exercitar nosso Eu a ficar menos tempo nos aparelhos digitais e mais conectado no mundo real, incluindo nosso mundo psíquico, mesmo que gere solidão e tédio, é essencial para nos tornarmos calmos, resilientes, proativos.

Há inumeráveis chineses, japoneses, indianos, africanos, europeus e americanos que não conseguem ficar dez minutos apenas consigo, mergulhando dentro de si, desconectados dos celulares e de outras atividades. Eles não sabem namorar a vida, não sabem ter um caso com sua saúde emocional. Vivem a era das trevas mentais do evitamento do tédio e da solidão, vivem a era do autoabandono.

Treine prevenir a era das trevas do tédio, da solidão e do autoabandono. Comece a dialogar com você por cinco minutos algumas vezes por dia, explorar seus sonhos sufocados, aquietar sua mente, duvidar de tudo que o controla, perceber que a própria existência é um fenômeno insondável, desconhecido.

> Treine também libertar sua mente criativa e estrategista para sair dos seus conflitos. Treine ainda explorar o mundo intelectual/emocional de quem está ao seu redor, ter conversas agradáveis, leves e às vezes profundas sobre a vida, para poder apreciar o universo incrível dos seus filhos, esposa, marido, pais, amigos.

Você conhece no máximo a sala de visitas da imensa casa da personalidade deles.

Para encontrar o ponto satisfatório da gestão da emoção, é necessário abandonar métodos mágicos e superficiais e partir para educação e treinamentos diários, mas lembre-se de que não existe equilíbrio perfeito nem pessoas perfeitas, muito menos cérebros sem estresse. O que existe são pessoas que sabem usar diariamente técnicas de gestão da emoção, ainda que as tenham aprendido intuitivamente, para equipar seu Eu a sair da plateia como espectador passivo e se tornar líder de si mesmo. Encontraram as chaves para ter um caso de amor com sua qualidade de vida e suas relações interpessoais.

> Não há mentes impenetráveis, mas chaves erradas.

A era das informações e não do Eu como gestor da emoção

Outra era das trevas mentais é demonstrada neste paradoxo educacional doentio e absurdo, praticado no mundo todo, incluindo as melhores universidades: estamos na era das informações, e não na era do Eu como gestor da mente humana. Aprendemos milhões de informações sobre o mundo em que estamos, do pequeno átomo ao imenso espaço, mas quase nada sobre o mundo que somos, nosso planeta mente e emoção.

Aprendemos a matemática, em que dividir é diminuir, mas, na matemática da emoção, dividir nossas dores e conflitos aumenta a capacidade de solução. Aprendemos línguas para falar com os outros, mas não línguas para falar conosco, para fazer uma mesa-redonda com nossos fantasmas mentais. Aprendemos na física que uma ação gera uma reação; mas, na física da emoção, o binômio ação-reação, bateu-levou, constrói uma impulsividade que gera consequências desastrosas. Recorde o heroísmo que já ouvi com frequência: "Dr. Cury, eu não levo desaforo para casa!". Respondo: "Claro, você é um desequilibrado". Não leva para a casa física, mas leva para a casa mental e para a mente dos outros, pois o biógrafo do cérebro, o fenômeno RAM, é implacável, vai registrando de forma poderosa sua impulsividade, seu descontrole, sua falta de pacificação, asfixiando-o e retirando o oxigênio da liberdade com quem você convive. A impulsividade é uma das maiores ladras da tranquilidade e da liberdade dos nossos filhos.

Não tenha medo dos seus estresses, problemas e conflitos, tenha medo de não equipar seu Eu para parar, respirar, se interiorizar, e de não usar os estresses, problemas e conflitos para crescer. Não tenha medo dos desafios, tenha medo de não abrir um leque de respostas inteligentes nas situações estressantes. Não tenha medo dos erros e das decepções causadas pelos outros, tenha medo de educar seu Eu diariamente a não ser pacífico, não comprar o que não lhe pertence, não ser empático, líder de si mesmo. Pois, se não for autor da sua história, não será em hipótese alguma um estimulador de quem o decepciona a pensar criticamente, não será um calmante natural para seu cônjuge, seus filhos e alunos.

> Você é um calmante natural ou uma fonte de ansiedade para quem ama?

Ninguém muda ninguém. Temos o poder de piorar os outros, mas seu Eu pode delicadamente impulsionar neles os processos de mudança. Contudo, se for um trator emocional, passará por cima de todos. A grande maioria dos pais, educadores e executivos nunca foi agricultor, nunca dirigiu um trator; mas, na sua casa, escola ou empresas, eles mesmos são tratores que atropelam a tudo e a todos. Não é uma tarefa fácil conviver com eles, e muitos, apesar de criarem um inferno emocional, se acham santos.

Não tenha medo da vida, tenha medo de não viver de maneira inteligente. Não tenha medo de ser quem você é, tenha medo de não se conhecer. Quem não mapeia sua história leva para o túmulo seus conflitos. Não tenha medo dos capítulos dramáticos, tenha medo de não colocar vírgulas para escrever os textos mais nobres em seus dias mais tristes.

Desenvolva os códigos da saúde emocional, lembrando que todo dia é um dia de treinamento, que toda falha deve ser contemplada como uma oportunidade para se reinventar. Aprender a dançar a valsa da vida com a mente desengessada é um brinde à saúde mental, à criatividade e à proatividade.

A era dos mendigos emocionais

Uma das minhas denúncias mais importantes em mais de setenta países em que sou publicado não é apenas que estamos na era das trevas da asfixia da gestão da emoção, mas também que estamos na era dos mendigos emocionais. A era da ansiedade digital levou a emoção a ser superexcitada quantitativamente, mas não qualitativamente. Há milhões de imagens e dados, mas com pouca relevância emocional, pouco promovedores da paciência, da generosidade, da tranquilidade.

A avalanche de imagens, dados, informações e sons satura o córtex cerebral, conduzindo crianças e adultos nas mais diversas nações a precisar de muitos estímulos para sentirem migalhas de prazer. Rico, do ponto de vista psiquiátrico/psicológico, é quem faz muito do pouco, e mendigo emocional é quem precisa de muito para sentir pouco. Quem precisa de muitos aplausos, reconhecimentos, *likes* e visualizações para sentir míseras experiências de prazer empobreceu no único lugar em que deveria ser rico: no território da emoção.

A quantidade exacerbada de estímulos que vêm do mundo digital é insuportável para a mente humana, a asfixia, mesmo que os dados não sejam criticistas, negativos, pessimistas, comparativos. Essa enxurrada de informações expande a preciosa MUC (memória de uso contínuo), que é o centro consciente da mente humana e que, consequentemente, subsidia as respostas, as reações, as estratégias e os mais diversos tipos de diálogos inerentes à convivência humana básica. Se a MUC se avoluma, o risco de hiperaceleração dos construtos mentais é altíssimo, gerando uma ansiedade disfuncional, destrutiva, diferente da ansiedade vital saudável, que é motivadora dos sonhos, da sociabilidade e da interiorização. Essa ansiedade disfuncional, se for intensa, e tem sido, gera uma dificuldade de contemplar estímulos lentos para financiar um prazer estável e profundo, gerando mendigos emocionais.

É triste vermos mendigos físicos, que perambulam pelas ruas sem teto e proteção emocional. É tristíssimo vermos mendigos emocionais morando em belas casas de condomínios e apartamentos. Um tema raramente comentado, pois é desconhecido.

Todavia, depois de minhas denúncias nos livros, teatro e cinema, médicos, professores, magistrados e pais estão começando a tocar nesse delicadíssimo e importantíssimo tema. Você mora ao lado de mendigos emocionais (filhos, alunos, colegas) e não sabe. Sua mendicância se manifesta como irritabilidade, impaciência, inquietação, agressividade, timidez, isolamento social, excesso de reclamações, mas você não identifica o problema. Talvez sejamos mendigos emocionais, pois precisamos de muitos estímulos para ter migalhas de prazer, e não percebemos a terra arrasada de nossa emoção.

Certa vez, dando uma entrevista à revista Forbes, choquei muitos leitores dizendo que há muitos bilionários que são miseráveis morando em palácios. No começo da sua jornada, pequenos eventos, desafios e riscos os encantavam, pequenos sucessos os seduziam, mas, com o tempo, o sucesso bateu-lhes à porta de forma estrondosa, mexendo na caixa-preta do fenômeno da psicoadaptação, e eles começaram a precisar de cada vez mais estímulos para ter migalhas de prazer. Bilionários em dólar, mas mendigos emocionais, endividados até o fio de cabelo no banco da emoção.

> A emoção é implacável e precisa ser treinada para contemplar as pequenas coisas para ser feliz.

Ela é mais democrática que a mais democrática nação. Quem faz muito do pouco é regado por prazer, quem precisa de muito para sentir pouco se torna um miserável. Ter muito sucesso financeiro e notável fama, reafirmo, pode destruir a saúde emocional, gerar cárceres mentais, principalmente se produzir uma busca irrefreável e ansiosa para manter o próprio sucesso e os patamares mais altos da fama. Somente o Eu, se equipado e treinado diariamente para fazer das pequenas coisas um espetáculo aos olhos, aprender ou reaprender a contemplar o belo, pode ser a chave para sair desse calabouço. E há mais mistérios entre contemplar o belo e admirar o belo do que imagina nossa pobre psicologia.

Hitler admirava o belo, acariciava sua cachorra Blond e sua ninhada de filhotes, mas não contemplava o belo, não penetrava nas camadas mais profundas da mente humana. Com uma mão acariciava seu animal, mas com a outra enviava crianças e adultos para os campos de concentração. Foi não apenas um dos maiores psicopatas da história, mas também um dos líderes mais doentiamente paradoxais que existiu. Hitler era vegetariano, não queria que os animais sangrassem, mas não se importava que jovens alemães sangrassem na insana guerra e que judeus e outras minorias morressem de forma indescritível. Escrevi em lágrimas o romance psiquiátrico/sociológico *Holocausto nunca mais*,[xi] e o fiz em forma de tratado, pois coloco inúmeras referências durante a construção da narrativa.

Frequentemente treino meu querido neto, Augusto, para prevenir a era dos mendigos emocionais. Meu objetivo é refinar seu olhar contemplativo. Há poucos dias eu lhe disse para assistirmos a um filme juntos, mas ele comentou: "desligue a TV, vovô, pois quero aproveitar o máximo de você". O garoto Augusto Cury também ensina o avô Augusto Cury com sua empatia e perspicácia.

> O mestre, quando ensina bem, também aprende com seus alunos.

É mais feliz líder de si mesmo quem se doa mais e cobra menos. Ele ficou emocionado. E depois finalizei discorrendo que milhares de pessoas passam pelas árvores sem contemplar seus troncos carcomidos, retorcidos, rugosos, que superaram as dificuldades da existência. Sem observar seus galhos lindamente distribuídos com seus milhares de folhas dançando sobre a orquestra do vento. Contemplamos o belo, fomos muito além de admirar o belo. Treine quem você ama a penetrar dentro de si, corrigir a miopia emocional e fazer muito do pouco. Essa técnica de gestão da emoção pode ser muito mais poderosa para a saúde emocional do que mil conselhos vazios ou milhares de críticas.

Muitos têm jardins em seus condomínios e nas praças, mas não têm tempo para as flores. Muitos têm seus namorados, seus maridos, esposas, filhos, pais, mas vivem na superfície das relações, não contemplam o belo que está dentro deles. Fazem festas de aniversário e dão presentes em datas especiais, os admiram, mas não os contemplam, não penetram em camadas mais profundas. Se contemplassem, dariam flores ou presentes, ainda que sem valor monetário, fora de datas especiais. Distribuiriam dez vezes mais elogios do que críticas. E quando a crítica fosse necessária, usariam a preciosa e intensa ferramenta de gestão da emoção: elogiar quem erra para depois comentar sobre seu erro.

Se aprendêssemos a arte de contemplar o belo e se treinássemos quem amamos a fazê-lo, as crianças, os jovens e os adultos não gravitariam na órbita da felicidade artificial e do sucesso superficial da era digital. Mas nunca se esqueça: no psiquismo humano não existe aposentadoria, pois não se para de produzir fantasmas mentais, preocupações e estresses. Aposentadoria é o começo do fim. Você pode se aposentar do trabalho, mas não pode aposentar seu Eu para fazer a segunda jornada, a jornada do coração, em que a arte de contemplar o belo é primordial.

> Treinamento emocional é para a vida toda, pois, como não há céus sem tempestades, pode-se perder terreno da saúde mental se o Eu abre pouco a pouco seu poder de ser diretor do *script*, agente autônomo, autor da história...

Por isso se pode adoecer em qualquer fase da vida, mesmo tendo tido uma infância e uma adolescência tranquilas e felizes. Mas há notável esperança. Pode-se também treinar a gestão da emoção, educar e equipar o Eu para desenvolver saúde mental e habilidades socioemocionais para fazer da nossa história, apesar dos seus invernos, uma belíssima primavera, um espetáculo único e imperdível. Está disposto? Não diga sim rapidamente. É preciso treinamento, mais treinamento, mais educação.

Orientações sobre o uso dos aparelhos digitais

- Bebês jamais deveriam ter contato com aparelhos digitais. Bebês e crianças pequenas se irritam, fazem birras, se estressam, mas faz parte da evolução da personalidade. Não queiram sufocar a emocionalidade deles com imagens rápidas dos aparelhos. Essa é uma estratégia inadequada para aquietá-los, que no futuro expande a ansiedade deles. Não usem celulares ou tablets para acalmá-los na hora de comer. Se você quer filhos calminhos e obedientes, está procurando robôs. O problema não está na irritabilidade dos pequenos, mas na impaciência dos pais. Façam festas, dancem, brinquem, sejam divertidos, e não intolerantes.

- Crianças até 7 anos deveriam usar aparelhos digitais raramente. Deveriam especialmente ser estimuladas a brincar, criar, colecionar amigos e usar o tédio para se reinventar e a solidão para se interiorizar. Ter contato com a natureza, cuidar de animais e praticar o prazer de plantar contribuem muito para a desaceleração dos pensamentos e da agitação mental. Observar junto com vocês a anatomia das flores, a resiliência dos troncos carcomidos, a dança das folhas sob a orquestra do vento é um treinamento excepcional da contemplação do belo e do prazer de viver. Quando os filhos reclamarem que "não têm nada para fazer nesta casa", é porque já estão com aversão ao tédio e à solidão. Mas não se preocupem, faz parte do show da vida rejeitar a rotina, e na massacrante rotina terão momentos de ansiedade e deverão aprender a controlá-la se reinventando, praticando e construindo brincadeiras. Celulares e tablets são os maiores ladrões da infância e inocência das crianças. Seus filhos devem aprender a ter infância; ter infância não é apenas ter prazer, mas também lidar com o estresse inerente à vida.
- Crianças de 7 a 10 anos deveriam ter, no máximo, uma ou duas horas por semana no mundo digital. Ensiná-las a praticar esportes contribui muito para desconectá-las. Competir saudavelmente e interagir positivamente são metas fundamentais. Criar um clima regado a diálogo e transferência do capital das experiências é importantíssimo. Pais

que falam sobre seus desafios e crises do passado ensinam os filhos a não ter medo do caminho, e sim a ter medo de não caminhar. É tristíssimo este paradoxo: pais falam muito com seus filhos quando eles não sabem conversar, mas se calam quando aprendem a linguagem.

- Pré-adolescentes e adolescentes deveriam ter, no máximo, uma hora diária conectados. Deveriam fazer escolhas nessa conexão, menos redes sociais e mais mensagens saudáveis, jogos educativos e comunicação com sua rede de amigos. Outra advertência: pais ou filhos não deveriam usar aparelhos digitais nos finais de semana, a não ser como telefone, nem ao redor da mesa do almoço ou jantar. Isso é um crime contra a saúde das relações sociais. Outro paradoxo tristíssimo: pais são bem-humorados quando seus bebês não entendem a piada, o pensamento indutivo e dedutivo – um sorriso os emociona –, mas deixam de sê-lo quando eles se tornam adolescentes.

Pais que são admiráveis não ficam dando broncas nem distribuindo críticas, mas celebrando acertos. Talvez seus filhos não os ouçam porque vocês são chatos. Lembrem-se de que quem corrige duas vezes os filhos sobre a mesma coisa diariamente é um pouco chato; três vezes, é muito chato; e quatro vezes ou mais, é insuportável. Você pode reclamar: "Ah, meu Deus, meus filhos não me suportam!". E provavelmente eles tenham razão, você pode ser insuportável mesmo. Não é que eles sejam difíceis ou rebeldes, muitas vezes o problema está em vocês, pais, que usam estratégias erradas para conquistá-los. Mentes engessadas não são encantadoras de filhos e alunos.

Nunca desista de seus filhos. Eles representam a mais encantadora e desafiadora experiência do teatro da existência.

Conclusão

Muitos pensam: "eu não sou uma pessoa bonita, não sou um bom aluno, vou perder o emprego, meus filhos são muito agitados, sou incapaz de mudar minha história". Na atualidade, há milhões de seres humanos verdadeiramente fragilizados, e eles não sabem que essa fragilidade surge porque há milhares de janelas killer que dão sustentabilidade às suas armadilhas mentais. Também desconhecem que a ansiedade digital, por ter alterado o ciclo da dopamina e serotonina, gera uma flutuação emocional doentia: em alguns momentos querem virar a mesa e mudar sua história, noutros perdem a energia e a motivação, tudo se torna difícil.

Eles observam a felicidade artificial dos influenciadores, o sucesso fácil, roupas impecáveis e o sorriso farto postados no Instagram, TikTok, Facebook, sem saber que não poucos desses influenciadores estão chorando por dentro ou esgotados mentalmente, os comparam com sua vida difícil e desabam mais ainda.

Cuidar do corpo, se exercitar, ganhar massa muscular é muito bom, mas o culto ao corpo propagado nas redes sociais é um câncer emocional. Muitos fotografam seus corpos sarados, usam filtros, pegam a melhor pose, para impactar os seguidores e ter o máximo de visualizações, mas prestam um desserviço para quem os segue, pois não revelam que às vezes têm altos índices de gasto de energia emocional inútil (GEEI), cobram demais de si, sofrem por antecipação e têm uma mente saturada de furacões de preocupações – os seguidores desconhecem isso. O culto ao corpo esconde uma felicidade artificial que patrocina o padrão tirânico de beleza. Transtornos alimentares como bulimia, anorexia, vigorexia e compulsão afetam milhões de pessoas e têm, entre suas principais causas, o padrão inatingível e comparativo de beleza.

Espero que você faça parte da revolução contra a ansiedade digital, o culto ao corpo, o sucesso artificial, o poder tirânico de beleza produzida pela indústria da moda, as empresas que supervalorizam modelos que estão desnutridas e às vezes doentes pelos padrões da medicina. Como comentei, inúmeros jovens estão tendo crises de ansiedade, e alguns estão se mutilando nos banheiros das escolas para tentar neutralizar sua dor.

E, para finalizar, mais uma vez alerto: a necessidade neurótica de aprovação social, de visualização e de *likes* gerou um câncer emocional.

> Seja ético, seja ousado e seja fiel a sua consciência, mas não seja encarcerado pela aprovação nas redes sociais.

Há uma metáfora da era da ansiedade digital contada a partir de uma corrida de felinos para escalar uma torre muito alta, de 300 metros de altura. Uma tigresa disse orgulhosamente: "Eu tenho 250 milhões de seguidores, sou estrela da música". Um leão rugiu poderosamente: "Eu tenho 200 milhões de seguidores, sou uma grande celebridade do futebol". Um leopardo bradou confiantemente: "Eu sou comediante, tenho 100 milhões de seguidores, sou melhor dos melhores, pois tenho mais interação". Por sua vez, uma pantera bradou: "Eu sou imbatível, sou polêmico, tenho 50 milhões de seguidores, mas, como sou polêmico, um especialista em chamar a atenção dos meus seguidores, tenho mais interação e ganho mais grana, tenho melhores contratos". E, assim, centenas de participantes continuaram a fogueira da vaidade, o culto ao ego, a celebração da estupidez. Só não honraram os seguidores que os alimentam. Antes do tiro de largada, os grandes felinos começaram a escalada. De repente, viram um ratinho mirrado, pequeno, sem musculatura aparente e que tinha uma placa nas mãos: "1 seguidor". Morreram de rir, zombaram, criticaram, desprezaram. Aborrecido, ele escreveu do outro lado da placa: "Menos um seguidor". Pois o ratinho seguia a todos eles. Mais risadas, mais deboches, mais desprezo. Dado o tiro de largada, os grandes felinos começaram a escalada. Quando alguns estavam atingindo o topo, o ratinho deu um assovio. A torre caiu. Foi um desastre... Muitos feridos, muitos frustrados. Os grandes felinos indagaram: "Um mísero assovio derrubou tudo?". O ratinho comentou: "Sim, os milhões de ratinhos que sustentavam a torre resolveram deixar de ficar debaixo dela...".

Não seja plateia de quem não contribui com você. Não fique embaixo da torre de quem proclama a ditadura da beleza, o culto ao ego, a necessidade neurótica de poder. Você é mais forte do que imagina no mundo digital, mas não se intoxique com ele. A vida é um contrato de risco; risos e lágrimas, sucessos e fracassos, aplausos e vaias fazem parte de qualquer ser humano.

As ferramentas de gestão da emoção na era da ansiedade digital nos ensinam que "quem vence sem riscos sobe no pódio sem glórias". Mas só não tem riscos quem está morto. E daí se você ou eu fracassarmos? Comece de novo tantas vezes quantas forem necessárias!

A vida é um contrato de risco. Temos medo dos riscos, das vaias, das crises. Desligue o celular nos finais de semana, a não ser que precise dele para o trabalho. Use-o como telefone. Não queira ser o mais incrível influenciador, nem queira dar respostas para todos, inclusive nas mensagens que recebe. Queira, sim, ser o mais feliz, tranquilo e relaxado. Afinal de contas, você não tem milênios para viver. A vida é dramaticamente curta para se viver e tremendamente longa para se errar. Não erre com você, deixando de contemplar o belo e fazendo das pequenas coisas um espetáculo aos seus olhos. O mundo real está muito além do virtual. Não erre com quem você ama. É triste saber que milhões de casais sepultaram seus parceiros vivos. Eles estão perto, próximos, mas são incapazes de perguntar: "onde eu errei e não soube, o que posso fazer para te tornar mais feliz?". Não erre com seus filhos, sepultando-os vivos também, tendo tempo para muitos no mundo digital, mas não penetrando em camadas mais profundas deles. Elogie-os dez vezes mais do que os critica. Não sepulte seus pais, amigos e colegas de trabalho nos solos do seu coração também pelo excesso de uso dos celulares e da internet.

Sou apenas e simplesmente um garimpeiro de ouro nos solos da mente dos pais, filhos, professores, alunos, profissionais liberais, colaboradores das empresas. Um garimpeiro. Não crio o ouro, apenas removo as pedras. Sei que há ouro dentro de você, e espero humildemente ter removido algumas pedras...

Uma vida sem sonhos é um céu sem estrelas, uma manhã sem orvalho, uma mente sem criatividade. Sem sonhos, os pais, educadores e profissionais de todas as áreas se tornam zumbis psíquicos, vivem sem propósitos, vivem porque estão vivos. Sem sonhos e desafios, você não estimula sua emoção a contemplar o belo. Que você seja um sonhador. Sonhe em conquistar seus filhos, em formar mentes brilhantes, em educar pensadores e em formar protagonistas capazes de serem empáticos e altruístas.

Se sonhar, não tenha medo de falhar. Se falhar, não tenha medo de chorar. Se chorar, repense sua vida, mas nunca desista de si mesmo. Os frágeis não dão uma nova chance para si nem para os outros. Os fortes são pacientes. Lute por seus sonhos e jamais desista das pessoas que você ama.

Augusto Cury

Desafio da Desintoxicação Digital

Escolha o melhor dia de sua semana para reflexões, por exemplo, o sábado ou o domingo, e siga os passos a seguir para aprofundar sua percepção do Eu e colocar em prática os aprendizados desta leitura.

Por cinco semanas, anote aqui o seu Índice GEEI (Capítulo 2) e como você se sentiu. O que você fará para a próxima semana ser melhor?

Semana 1

Índice GEEI: ________

Como me senti: ____

____

____

____

____

O que farei para a próxima semana ser melhor: ________________

____

____

____

____

Semana 2

Índice GEEI: ________

Como me senti: ____

____

____

____

____

O que farei para a próxima semana ser melhor: ________________

____

____

____

____

Semana 3

Índice GEEI: ________

Como me senti: ____

____

____

____

____

O que farei para a próxima semana ser melhor: ________________

____

____

____

____

Semana 4

Índice GEEI: ________

Como me senti: ____

____

____

____

____

O que farei para a próxima semana ser melhor: ________________

____

____

____

____

Semana 5

Índice GEEI: ________

Como me senti: ____

____

____

____

____

O que farei para a próxima semana ser melhor: ________________

____

____

____

____

Conheça minhas outras obras que já ajudaram milhões de pessoas a enfrentar os desafios da humanidade:

Ansiedade – Como enfrentar o mal do século

Ansiedade – Autocontrole

Ansiedade – Ciúme

Ansiedade – Como enfrentar o mal do século para filhos e alunos

Gestão da emoção

365 dias de inteligência

Pais inteligentes formam sucessores, não herdeiros

Notas

[i] CURY, Augusto. *Ansiedade: como enfrentar o mal do século*. São Paulo: Editora Saraiva, 2014.

[ii] CURY, Augusto. *Inteligência multifocal*. São Paulo: Editora Cultrix, 1999.

[iii] CURY, Augusto. *Pais brilhantes, professores fascinantes*. Rio de Janeiro: Editora Sextante, 2003.

[iv] GUIMARÃES, Raphael M.; MOREIRA, Marcelo R.; COSTA, Nilson do R. Adolescência e suicídio: um problema de saúde pública. *Fiocruz–Cadernos do CEESP*, 2020.

[v] GOLEMAN, Daniel. *Inteligência emocional*. Rio de Janeiro: Editora Objetiva, 2005.

[vi] CURY, Augusto. *A ditadura da beleza e a revolução das mulheres*. Rio de Janeiro: Editora Sextante, 2005.

[vii] CURY, Augusto. *O futuro da humanidade: a saga de Marco Polo*. Rio de Janeiro: Editora Sextante, 2005.

[viii] QUEENSLAND BRAIN INSTITUTE. Half of World's Population Will Experience a Mental Health Disorder. *Harvard Medical School*, 2023. Disponível em: https://hms.harvard.edu/news/half-worlds-population-will-experience-mental-health-disorder. Acesso em: 11 ago. 2025.

[ix] ALFANI, Federica *et al. Update to the Poverty and Inequality Platform (PIP)*. Washington, DC: World Bank, 2025.

[x] JAPÃO. *Cabinet Office. Survey on Hikikomori*. Tóquio: Governo do Japão, 2019. Disponível em: https://www8.cao.go.jp/youth/whitepaper/r01gaiyou/pdf/s1-1.pdf. Acesso em: 19 jul. 2025.

[xi] CURY, Augusto. *Holocausto nunca mais*. São Paulo: Editora Planeta do Brasil, 2015.

2025/1